मुलाकातें

NIGHTINGALE MEETS SWEETHEART

निक्षेय

ये हमारी मुलाकातों के बारे में है।

हर शाम की उन मुलाकातों के बारे में जिसने हमें प्रेम
के उस एहसास से मिलाया जो सिर्फ कविताओं में पढ़ा
था।

हमारे प्रेम का दायरा अब एक कविताओं, कहानियों से
आगे बढ़ गया है और जन्म दे रहा है नई कहानियों
को।

ऐसी ही एक ये पहली कहानी ~ तुम्हारे लिए।

क्रम-सूची

प्रस्तावना

ये हमारी मुलाकातों के बारे में है। हर शाम की उन मुलाकातों के बारे में जिसने हमें प्रेम के उस एहसास से मिलाया जो सिर्फ कविताओं में पढ़ा था।

हमारे प्रेम का दायरा अब एक कविताओं, कहानियों से आगे बढ़ गया है और जन्म दे रहा है नई कहानियों को।

ऐसी ही एक ये पहली कहानी ~ तुम्हारे लिए। ऐसी ही बहुत सी कहानियो को तुम्हारी एक नज़र का इंतज़ार रहेगा जिससे कि उन्हें उनकी मंजिल मिले और मुझे वो वजह जो मेरे शब्दों में घुलकर मुझे अधिक कहानियां लिखने की प्रेरणा देगी. इसीलिए अब मैं बढ़ रहा हूँ और ऐसे ही बढ़ता जाऊंगा क्योंकि मुझे तुम्हारे साथ बहुत दूर जाना है. जिस सफर का अंदाज़ा हमें भी नहीं है कि हमें कितना चलना है लेकिन हमें अपनी मंजिल का एहसास तो है और सफ़र में मंजिल कि जानकारी होना जरूरी है जो हम दोनों को ही बहुत बेहतरीन तरीके से है.

❧

हमारी हर मुलाकात खुबसूरत है. तुम इन्हें पढने के बाद अब दोबारा उन्ही दिनों में चली जाओगी जहाँ इस दुनिया के बीच हमारी एक अलग दुनिया थी. हमारी वही दुनिया हमें मिलती है जब हम दोनों साथ होते हैं और इसी तरह मिलती रहेगी.

भूमिका

इस रिश्ते ने हम दोनों के चरित्र को बहुत ज्यादा निखारा है। हमने अपने सपनो को पाने के रास्ते ढूँढे, अपनी ज़िन्दगी में कुछ सुकून और जोड़ा और सारी उम्र के लिए एक दूसरे के हो गए। तुम्हारा प्रेम देखकर कभी कभी मैं खुदपर गुरूर भी करता हूँ और कभी कभी विश्वास भी नहीं होता कि मेरी किस्मत इतनी ज्यादा अच्छी है।

मैंने ज़िन्दगी में सब कुछ खो दिया है अब मेरे पास सिर्फ तुम हो, और तुम्हे मैं कभी खोना नहीं चाहता क्योंकि तुमसे मेरी ज़िन्दगी है और तुम ही मेरी ज़िन्दगी हो! हम दोनों ने ही अपना सब कुछ एक दूसरे के नाम किया है, ख़ुशी - ख़ुशी क्योंकि इस प्रेम ने हम दोनों को वो दिया है जिसकी तलाश एक आरसे से थी और वो तलाश ख़त्म भी अचानक हुई है और इसी तरह से हमें नाकि पल मिल रहे हैं जिनमे हम खुदको खो देते हैं और एक दूसरे के हो जाते हैं, पूरी तरह से।

पावती (स्वीकृति)

Notion Press का बहुत ज्यादा धन्यवाद् कि उन्होंने मुझे ये platform दिया जिससे कि मैं आज अपनी कहानी को किताब के रूप में लिख पाया।

ये कहानी लिखना मेरे लिए ऐसा था जैसे फूलो की सेज पर बैठकर ठंडी मदमस्त हवा को महसूस करना क्योंकि इसमें लिखा हर शब्द मुझे उस इंसान के करीब ले जाता था जो मेरी ज़िन्दगी है, जिसके बिना मेरे शब्द भी मुझसे रूठ जाते हैं और मेरी कलम भी इतनी ज्यादा नहीं चलती। इश्क़ होने के बाद आशिक़ो को अपनी मोहब्बत के करीब जाने के बहाने चाहिए होते हैं।

मेरा बहाना ये कहानी है क्योंकि इससे मैं तुमसे मिल पाया, जब भी मेरा दिल किया और अब मुझे यकीन है कि तुम भी इसे पढ़ते पढ़ते उस दुनिया को महसूस करोगी जहाँ हम दोनों एक साथ रहते हैं, सिर्फ हम दोनों।

आमुख

इन अध्यायों में सम्मिलित है वो महीने, जिन महीनो में हम दोनों एक दूसरे के क़रीब थे और हमारी मोहब्बत हम दोनों को एक अलग तरह से नायाब बना रही थी। इन मुलाकातों का सिलसिला कम जरूर हो जायेगा लेकिन इनका प्यार बढ़ता ही जायेगा और हम दोनों के बीच घुल जायेगा जब हम दोनों मिलेंगे।

1

February

❧

लगभग 28 दिन बाद हम दोनो फिर मिले, जब तुम्हारा कॉल आया कि तुम पहुंच चुकी हो तो सिर्फ अपने फोन पर तुम्हारा नाम देखकर ही मेरे चेहरे पर इतनी बड़ी मुस्कान आ गई कि जैसे मैंने सब पा लिया हो, फिर से...सिर्फ एक पल में।

जब मैं तुम्हारे पास आ रहा था तो बार बार अपनी घड़ी में टाइम देख रहा था क्योंकि बढ़ते कदमों के साथ मेरी धड़कने बढ़ रही थी, पता नही मैं तुमसे कितनी बार मिल चुका हूं लेकिन इस मुलाकात में भी मुझे ऐसा लग रहा था जैसे ये मुलाकात "पहली" है। इतने दिनो बाद मैंने तुम्हे देखा और देखते ही बस, बढ़ती धड़कन, बढ़ते कदम और बढ़ती चिंताओं को एक पल में सुकून मिल गया। कुछ देर चलने के बाद मेरी बाहों को उनका सुकून मिल गया, और मेरे हाथो को उनका घर, ये सब महसूस करते हुए मैं रोना चाहता था लेकिन तुम तो जानती हो कि तुम्हारे सामने मुझसे ये भी नही हो पाता।

"कैसे हैं"? तुमने पूछा।

"बस अभी अभी ठीक हुए हैं" मैंने चैन की सांस लेते हुए कहा। हम सड़क पार करने लगे और तुमने फिर पहले की तरह मेरा हाथ थाम

लिया। शायद मैंने तुमसे कभी ये बात कही नहीं है लेकिन जब तुम सड़क पार करते मेरा हाथ पकड़ती हो तो अच्छा लगता है ये महसूस करना कि कोई तो है जिसे मुझपर भरोसा है कि मैं उसे मुसीबतों से बचाऊंगा। मैंने तुमसे वो पढ़वाया जो मैं तुम्हारे लिए लिखकर लाया था, और उसे पढ़ते हुए जो तुम्हारे चेहरे पर आधे चांद जैसी मुस्कान आ रही थी उससे मुझे लग रहा था जैसे सारे ब्रह्मांड में एक मैं ही हूं जो नसीब वाला हूं क्योंकि मुझे तुम मिली हो। उस सुकून के बीच बातें करते हुए हम दोनो कुछ खा पीकर आगे बढ़े और ग्राउंड में चले गए लोगो के बीच। शाम का वक्त था तो आसमान में थोड़ा थोड़ा चांद भी दिखाई दे ही रहा था, मैंने तुमसे कहा,

೦೦

"चाँद दिख रहा है"

"हां, मुझे भी" तुमने मुस्कुराते हुए कहा।

"आप चांद को ऊपर देख रहे हो"?

"हां"

"ठीक है" ये कहकर मैं हंस दिया।

೦೦

तुम समझ चुकी थी कि चांद से मेरा मतलब सिर्फ तुमसे था, शायद ये थोड़ा बचकाना भी था लेकिन पता नहीं क्यों तुम्हारी समझदारी के आंचल में मुझे बच्चा बनना अच्छा लगता है। जब तुम मुझे कुछ बताती हुई अपने चेहरे के भाव बदलती हो, जब तुम मेरे साथ अपनी जिंदगी खुलकर जीती हो, जब तुम मेरी नादानियों पर मेरा साथ देती हुई मुझे समझाती हो, सब बहुत खूबसूरत महसूस होता है। सारी दुनिया के सामने सारा दिन मैं समझदार ही होता हूं लेकिन तुमसे मिलते ही मेरा दिमाग, ये वक्त, मेरी पलके और मेरे कदम बस ठहर जाते हैं और मुझे मेरे बचपन में ले जाते हैं जहां मैं एक बच्चा होता हूं और तुम मेरी मां की तरह होती हो। जिस तरह कोई छोटा बच्चा अपनी मां की आंखो में देखता रहता है उससे बात करते हुए ठीक वैसे ही मैं तुम्हारे चेहरे को देखता रहता हूं और उसे पढ़ने की कोशिश करता रहता हूं। वैसे भी तुम्हे पढ़ना

अपने सारे सवालों के जवाब ढूंढना है क्योंकि तुम्हे पढ़ते पढ़ते काफी कुछ समझ में आ जाता है।

"चलें" मैने पूछा।

"हां, चलिए" तुमने जवाब दिया।

"वैसे मन तो नही है बिलकुल भी पर फिर भी जाना तो पड़ेगा"

"रात भर यहीं रुकने का इरादा है क्या"

"मैं तो रुक जाऊं, वैसे भी सुकून को कौन छोड़ना चाहेगा"

हम दोनों उठकर वहां से चल दिए अपने अतीत में एक साथ कदम रखते हुए मैं अपने अतीत में गया तो मैंने तुम्हे उसका हिस्सा बनाया जैसे तुम वहां अब मेरे साथ हो और तुमने मुझे अपने अतीत का। अतीत, अक्सर सिर्फ दुख देता है क्योंकि हम अपने वर्तमान में अतीत से बेहतर होते हैं लेकिन हमारा मन ये बात मानने को तैयार नही होता और जब हमारा मन कुछ स्वीकार नहीं कर पाता तो दुख होना बहुत लाजमी हो जाता है। लेकिन तुम्हारे साथ मैं जब भी अपने अतीत में गया हूं तो मैने वहां जाकर खुद से बस इतना कहा है कि **"बस कुछ पल और, फिर सब बेहतर हो जायेगा"** उस बेहतर से मेरा मतलब तुमसे होता है, हम आगे बढ़े और तुम्हारे माथे को थोड़ा आराम देकर मैं वहां से घर की तरफ चल दिया। तुम्हारे लिए मैने एक वीडियो बनाने की सोची थी और बनाने के बाद मैने उसे स्टेटस पर लगा दिया। तुम्हारा रिप्लाई आया,

"This is so so so sooooo Beautiful...This means a lot to me"

"आप मेरे लिए इतनी ही खूबसूरत हो"

"I love you so much"

"I love you more"

हम दोनो एक दूसरे को मामूली तौर पर "आई लव यू" कभी नही बोलते क्योंकि हम दोनो ही इस शब्द को बार बार बोलकर इसकी खूबसूरती को खत्म नहीं करना चाहते। इसलिए जब भी ये सुनने को मिलता है तो सुकून देता है जैसे हम दोनो हाथ में हाथ डालकर कहीं बस शांत बैठे हैं।

13 February 5:40

जल्दी जल्दी अपने काम से फ्री होकर मैं तुमसे मिलने आया, जगह पर पहुँचने से पहले से मैने तुम्हे कॉल कर दिया जिससे कि तुम और मैं सही समय पर पहुँचे। मैं पहले पहुंच गया और मेरे दिमाग में सबसे पहला खयाल यही आया कि कितना खूबसूरत होता है तुम्हारे लिए इंतजार करना। जब एकदम नज़रे घूमते हुए तुम्हे देखती हैं और तुम्ही पर टिक जाती हैं, ना इधर ना उधर, सिर्फ और सिर्फ तुम दिखती हो। वो पल ऐसा लगता है जैसे तुम मेरे पास आ रही हो दुनिया की हर बंदिश और हर झूठ को पार करके, वो झूठ जो दुनिया कहती है कि आजकल किसी को हमसफर नही मिलता। तुम उस झूठ से आगे बढ़ती हुई मेरे पास आती हो और मुझसे कहती हो,

"चलिए"। मानो तुम जैसे यही कह रही हो कि चलिए उस सच के सफर पर जहाँ बंदिशे नही हैं सिर्फ प्रेम है। और मैं तुम्हारे पीछे पीछे चल देता हूं। थोड़ी देर घूमने के बाद हम दोनो बैठ गए, मैने तुम्हे बताया कि आज घर पर मेहमान आए हुए हैं और तुमने मुझे समझते हुए कहा,

"जल्दी जाना है आज घर, वहां कोई इंतजार कर रहा है" जब भी तुम मुझे बड़े प्यार से किसी बच्चे की तरह समझाती हो तो मैं अपने बचपन में जाकर तुम्हे देखता हूं जहां मैं नादान हूं और तुम समझदारी से भरी हुई मेरा हाथ थामकर मेरे हर कदम की सावधानी से बढ़ने का रास्ता दिखा रही हो।

෧෮

"वो बच्ची यहां आ रही है"।
"हम्म"

"बेटा, आई एम नॉट योर मम्मी, पता है हमारे पड़ोस में ना एक लड़की है वो मुझे मम्मी बोलती है"

"कोई बात नही, मम्मी बोलने वाली भी आ जायेगी 8-9 सालो में"

"ठीक......... है" तुमने हंसते हुए कहा।

∽

ये कहते ही मैं अपने भविष्य में चला गया था, हमारे भविष्य में। जहां तुम और मैं बैठकर ऊपरवाले का शुक्रिया अदा कर रहे होंगे और हमारी बच्ची ठीक उस बच्ची की तरह यहां वहां खेल रही होगी बिना कोई परवाह किए और हम उसे देख रहे होंगे। तुम उसमे अपनी बेटी, और मैं, उसमे तुम्हारा बचपन। तुम्हे बड़ा होते हुए। कुछ देर बात करते के बाद हम दोनों वहां से चल दिए, मैने फिर से नादानी दिखाई तो तुमने मुझे समझदारी के आंचल में छुपा लिया। चलते चलते हम फिर चल दिए अपनी अपनी कहानियों के सफर पर एक दूसरे के हाथ थामे हुए और साथ देते हुए।

"मंदिर चलते हैं"। मैने कहा

"हां चलिए, खुला होगा"। हम दोनों मंदिर की तरफ चल दिए, तुम्हे मंदिर ले जाने के लिए मैं बार बार इसलिए भी कहता हूं क्योंकि मैं ऊपरवाले को दिखाना चाहता हूं कि एक ये है जो मुझे चाहिए, आपको दिखाने लाया हूं। इसके सिवा और कोई नही। जब हम भगवान शिव के मंदिर में गए तो तुम पूरा मंदिर देख रही थी और मैं सिर्फ तुम्हे, तुम्हे देखते हुए ही इबादत कर रहा था और ऊपरवाले से मांग रहा था कि ये चेहरा हंसता रहे, हमेशा। वहां से निकलकर हम दोनो तुम्हारे होस्टल पहुंचे और तुम्हे छोड़कर मैं घर की तरफ चल दिया, एक बड़ी सी मुस्कान के साथ।

14 February

"आज मिलना है"?

"नही, आज तो हर जगह कपल ही कपल मिलेंगे"

"हां वैसे ये बात तो है"

"और आपको पता है मुझे ये सब पसंद नही है, यार बच्चे करते हैं ये सब और अच्छा है कि आपको भी पसंद नही है। प्यार करने का कोई दिन थोड़े ही होता है। इसलिए बस आज नही"

ये सब सुनकर मैं बस सोचने लगा कि हम दोनों की ही सोच कितनी ज्यादा मिलती है क्योंकि जो बात मेरे होंठो से उतरने के लिए उतावली रहती है। उस बात को तुम बड़ी आसानी से पढ़ लेती हो और मुझे बता देती हो।वेलेंटाइन डे पर हम दोनो नही मिले क्योंकि हम दोनो ही उन प्रेमियों में से हैं जो मानते हैं कि प्रेम के लिए किसी दिन की नही, सिर्फ समय की आवश्यकता है।

15 February 4:30

मैंने तुम्हारे लिए इंतजार किया और उस इंतजार में मेरी नज़रें सिर्फ हम दोनो को देख रहीं थी। उस सड़क पर जिसे हम रोज पार करते हैं तुम्हारे बढ़ते कदम मेरी धड़कन बढ़ा रहे थे और आंखो को एक ठंडक दे रहे थे जैसे मैं एक ख्वाब को देख रहा हूं मुकम्मल होते हुए। तुमसे मिलकर मैं आगे बढ़ा और चलते चलते हम दोनो ही ग्राउंड पहुंच गए।

৶৩

"आज मैं एक गाना गा रही थी और मुझे एकदम आपका खयाल आया।"

"कौन - सा गाना"?

तुमने वो गाना सुनाया और सुनने के बाद मैंने तुमसे बहुत बचकाना सा सवाल पूछा, "तो मेरा ख्याल कैसे आया"?

"आपके लिए भी तो हालात बिल्कुल ठीक नही थे प्यार करने के लिए फिर भी आपने मुझसे प्यार किया और मैं वहीं रही आपके लिए"

"हां ये बात तो है"

हम फिर चलने लगे,

"आज बैग बहुत भारी है"

"लाओ, मैं ले लेती हूं"

"नही नही" मैंने कहा।

"तो फिर बैठ जायेंगे अब" तुमने बैग पर हाथ रखते हुए कहा।

⌇

थोड़ी ही दूर चलकर हम दोनो बैठ गए, रोज की तरह तुम्हारे कुछ कहते हुए मैंने तुम्हारे चेहरे को आँखें भरकर देखा और तुम्हारे सबसे कीमती गहने को तुम्हारी सुंदरता बढ़ाते हुए भी। तुम्हे तुम्हारी बहुत पुरानी सीनियर वहीं दिख गई जिनसे पिछले 2 सालो में तुम्हारी कोई भी बात नही हुई थी फिर भी तुम उनके पास गई और उनसे ऐसे मिली जैसे रोज बात होती हो। मुझे लगा कि तुम्हारी याददाश्त कितनी तेज़ है जो तुम्हे इतने पुराने लोग भी इतने अच्छे से याद रह जाते हैं।थोड़ी देर बैठकर बातें करने के बाद मेरे हाथो ने तुम्हारे हाथो में अपना घर पा लिया और मेरे अंगूठे ने तुम्हारी उंगली से बातें करनी शुरू कर दी तभी मेरी पहली उंगली ने उन्हें इस तरह से ढक लिया जिससे कि उनकी बातचीत भी किसी भी तरह का खलल न पड़ सके।

⌇

"मेरा अंगूठा आपकी उंगली से बात कर रहा है" मैंने कहा।

तुम्हारे चेहरे पर मुस्कुराहट आ गई।

तभी तुम्हारे अंगूठे ने मेरी छोटी उंगली से बात की और उन सभी बातो का जवाब दे दिया जो मेरा अंगूठा तुम्हारी छोटी उंगली से पूछ रहा था।

"पढ़ना नही है"। तुमने कहा

"अरे....पढ़ लेंगे"

"अच्छा, अभी भी पढ़ लेंगे....."

"मेरा मतलब, पढ़ रहे हैं ना जी"

"हां, फिर ठीक है"

कुछ देर हम दोनो शांत बैठ गए और उसी खामोशी में मेरे जेहन से निकला,

"मैं आगे 40-45 साल इसी तरह अपने अंगूठे से आपकी उंगली की बात कराना चाहता हूं"

"ठीक है"

"पता नहीं क्यों, अब एक पल की दूरी भी बर्दाश्त नहीं होती है"

"मुझे भी"

"आपको पता है, अच्छा है कि हम किसी को बता नही पाते कि हम उनसे कितना प्यार करते हैं या उनकी कितनी इज्जत करते हैं क्योंकि अगर हम बता पाते तो सामने वाला सब जान लेता है और जब सब कुछ पता चल जाए तो कहीं रुकने की किसी के पास कोई वजह नही बचती, चाहे वो रिश्ता हो या फिर कोई जगह"

"हांजी"

"दुनिया कहती है कि आजकल रिश्ते बहुत कम चलते हैं अगर चलते हैं तो दोनों में से सिर्फ एक इंसान ही चलाता है"

तुमने शायद फिर से वो सब पढ़ लिया जो मेरे होंठो से बाहर आने के लिए उतावला हो रहा था और तुमने बोला,

"मैने वो रिश्ते भी देखे हैं जो 7-8 साल रिलेशनशिप में रहे हैं और फिर शादी करके खुश रहे, और बूढ़े भी हो गए"

"मैं आपके साथ बूढ़ा होना चाहता हूं"

"जरूर जानेमन"

◦◦

असल में मैं तुम्हारे साथ अपनी सारी जिंदगी जीना चाहता हूं क्योंकि तुम जैसा सुकून मुझे कहीं मिला ही नहीं। चलते हुए तुम्हारे पीछे रहकर तुम्हे देखने से मुझे महसूस होता है कि तुम किस तरह मुझसे आगे हो, हर चीज़ में। चाहे वो कुछ याद रखना हो, या फिर समझदारी दिखाना। तुम हर एक सफर में मुझसे आगे ही रहती हो। पहली बार मैंने तुम्हारे पैरों को छुआ और उन्हें महसूस किया, महसूस किया वो सब जो वो रोज़ सहते हैं। चलते हैं, थकते हैं और फिर बिना हारे हुए अपनी हिम्मत बढ़ाकर बस आगे बढ़ते जाते हैं। तुम अक्सर मुझसे पूछती हो, "आप मेरे पैरों में क्या देखते रहते हो, इतना भी क्या है इनमे"?

तुम्हारे पैरों को छूकर मैं उनसे वो सब सीखता हूं जो उन्होने हालातों से सीखा है, कि हालात मुश्किल होने पर आगे बढ़ने के लिए कदम कैसे

बढ़ाते हैं। तुम्हारे पैरों को छूकर मैं महसूस करता हूं वो पल जब मैं उनमें पायल पहनाऊंगा, मैं महसूस करता हूं वो पल जब तुम अपने दाएं पैर से लौटे को गिराकर ग्रह प्रवेश करोगी। इसलिए मैं तुम्हारे पैरों को बस बार बार देखता रहता हूं क्योंकि मेरी जिंदगी में उनके पड़ने के बाद से ही सब कुछ कुछ बदला बदला सा लगा है और हालातों में कठिनता नही सरलता आने लगी है कुछ देर बाद फिर से मेरी नादानी को तुमने समझदारी के आंचल में जगह दी और हम दोनो चल दिए। मैंने तुम्हारे माथे पर सुकून देने की कोशिश की और अपनी रूह को आराम दे दिया। थोड़ा दूर चलकर जब हम बर्गर लेने के लिए रुके तो मैंने तुम्हे वो पढ़वाया जो मैंने तुम्हारे लिए लिखा था और उसे पूरा पढ़ने के बाद जब मैंने तुम्हे देखा तो तुम बहुत ज़ोर से मुझे गले लगा लेना चाहती थी लेकिन तुमने वो पल अपनी आंखो से मेरी आंखो को दिखाया और हम दोनो समझ गए कि हम दोनो क्या चाहते हैं। मेरे वापस घर की तरफ आने के बाद तुम्हारा कॉल आया,

"खाना क्यों नही खाते हैं आप, दोनो भाई ऐसे ही हो रहे हैं अभी मुझे इसने बताया कि आपके भाईसाहब ने भी खाना नही खाया है। आंटी जी इतनी मेहनत करके खाना बनातीं हैं सुबह सुबह कि मेरे बच्चे कॉलेज जा रहे हैं तो उन्हें खाना दे दूं लेकिन आप दोनो को खाना ही नही है बिलकुल"

ये सब सुनके मैं बस हसे जा रहा था क्योंकि तुमने फिर से मुझे ये महसूस करने पर मजबूर कर दिया था कि तुम्हारा मिलना किसी सपने के हकीकत हो जाने के जैसा ही है और तुम्हे अपनाकर और तुम्हारा होकर मैंने सबसे खूबसूरत निर्णय लिया है। फिर से तुम्हारी समझदारी का मैं कायल हो गया, और एक बार फिर ये दिल तुम्हारी मोहब्बत से घायल हो गया।

16 February 5:20

कॉलेज में किसी काम की वजह से मुझे काफी देर हो गई हालांकि उससे पहले तुम्हे जब मैंने फोन किया तो तुमने एक बार फिर अपनी समझदारी का मुझे एहसास कराया और मेरे चेहरे पर मुस्कान आ गई।
"आप एक काम करना, ज्यादा देर हो जाए तो घर चले जाना"

"नही, मैं थोड़ी देर में आता हूं बस"

तुमसे इतना कहकर मैंने फोन काट दिया और जल्दी जल्दी काम खत्म करने में लग गया। जल्दी से फ्री होकर मैने तुम्हे कॉल किया और तुम्हारा इंतजार करने लगा, तुम्हारा इंतजार करना मुझे बहुत खूबसूरत लगता है और हमेशा से ही मैं तुमसे मिलने के लिए पहले ही पहुंच जाता हूं जिससे कि मैं देख सकूं तुम्हे अपनी तरफ आते हुए, ठीक वैसे जैसे सूरज की रोशनी धीरे - धीरे अंधेरे को मिटाते हुए आंखो पर पड़ती है और जिन्दगी रोशन हो जाती है।

"कैसे हैं"? तुम्हारे इस सवाल का जवाब मै सिर्फ तुम्हारे गले लगकर तुम्हे बताना चाहता हूं जिससे कि मैं बता सकूं तुम्हे वो हाल भी जो मेरे होंठो पर आ नही पाते कभी कभी। रोज की तरह हम ग्राउंड पहुंचे और तुमने मुझे वो खत दिया जो तुम मेरे लिए लिखकर लाई थीं। इस मॉडर्न जमाने में हमारा एक दूसरे को खत लिखकर देना मुझे काफी आराम देने वाला लगता है क्योंकि आजकल प्रेमी एक दूसरे को पोस्ट या फिर फोटो शेयर करके उनके जज़्बात बताते हैं लेकिन वो पोस्ट या फोटो काफी लोग शेयर कर चुके होते हैं पर जो खत हम दोनो लिखकर एक दूसरे को देते हैं उसमे सिर्फ हम होते हैं एक साथ बैठे हुए एक दूसरे का हाथ थामकर। ना हमें कोई देख पाता है और ना ही कोई वहां तक पहुंच पाता है। मैने तुम्हारा खत पढ़ा और उसे पढ़कर मैं बस निःशब्द हो गया, जैसे हर बार हो जाता हूं। वैसे तो मैं लेखक हूं लेकिन तुम्हारे दिए हुए खत पढ़कर मेरे शब्द कहीं अटक जाते हैं उनका उतावलापन गायब सा हो जाता है और वो शांति से तुम्हारे शब्दो को खुदमे उतारते रहते हैं ठीक वैसे, जैसे मैं खुदमें उतार लेता हूं तुम्हारी हर एक प्रतिक्रिया को।

"थैंक यू" मैंने तुमसे कहा।

तुम्हारा कोई खत पढ़कर सिर्फ "थैंक यू" कहना मुझे बहुत बकवास लगता है पर क्योंकि उस खत के बाद मैं तुमसे कह नही पाता कि तुम्हारा ये सब करना मुझे इतनी खुशी देता है जितना किसी लड़की का मां बनना, जितना किसी बेटे को उनके घरवालों की शाबाशी मिलना। तुम्हारा मुझे उस नजरिए से देखना मेरा हर राज़ खोल देता है और मुझे खुदको किसी पन्ने पर देखना बहुत खूबसूरत लगता है, हद से ज्यादा।

तुम्हारा खत पढ़ने के बाद मैने तुम्हे वो पढ़वाया जो मैने तुम्हारे लिए लिखा था तुम्हारे पैरों को लेकर, और उसे पढ़ते हुए तुम मुझे ही देख रही थी। रात में मैने तुमसे कहा।

෴

"आप मुझे जब देख रहे थे तो ऐसा लग रहा था जैसे आप धीरे धीरे मुझे पढ़ रहे हो"

"मुझे अच्छा लगता है आपको वैसे देखना, मन करता है कि आपको देखती ही जाऊं"

तुमसे ये सुनना मेरे लिए एक काबिलियत हासिल करने जैसा था क्योंकि मुझे कभी लगता ही नहीं था कि कोई मुझे भी ऐसा कुछ कहेगा।

"हम बस ऐसे ही साथ रहेंगे" तुमने कहा।

"हां, जब तक कोई और पसंद नही आती तब तक पक्का" मैने हँसते हुए कहा।

"जान से मार दूंगी.......आपको नही उसको"

෴

भले ही हम दोनो एक दूसरे से मजाक कर रहे थे लेकिन तुम्हारे मुंह से ये सब सुनना मुझे बहुत अच्छा लगा। थोड़ी देर कुछ कहानियों में एक साथ सफर करके हम दोनो फिर से घर की तरफ चल दिए, तुम मेरी बाहों में सिमट गई और हम दोनो एक हो गए, बहुत समय बाद। उसके बाद तुम्हारे माथे को सुकून से मिलाकर मैं घर की तरफ चल दिया अपनी मुस्कान लेकर।

17 February 4:00

सुबह बात होते हुए तुमने मुझे एग्जाम के बारे में सब कुछ समझाया और साफ साफ कहा कि "आज नही मिलेंगे, आज आप सिर्फ पढ़ेगे" लेकिन तुमसे दूरी मुझे और मेरे दिल दोनो को ही बिलकुल भी बर्दाश्त नही है, इसलिए मैं तुम्हारी बात सुने बिना घर से चल दिया। जल्दी फ्री

होकर मैं फिर से तुम्हारे इंतजार में खड़ा हो गया और कुछ देर बाद मेरा सूरज आ गया मेरे अंधेरों को मिटाने। हम दोनो थोड़ी दूर साथ चलकर अपनी मंजिल की तरफ पहुंच गए और वहां जाकर जब हम दोनो बैठे तो मैं तुम्हे अपनी कहानियों में ले गया और तुम्हे मुस्कुराते हुए देखने लगा। कुछ देर शांत होकर भी मैं सिर्फ तुम्हे देखता रहा जिससे कि मैं तुम्हे अच्छे से देख सकूं और तुम्हारी वो परेशानियां भी पढ़ सकूं जो तुम मुझसे कह नही पाती हो।

कुछ देर घूमने के बाद हम फिर बैठ गए और फोटो लेने लगे, फिल्टर सिलेक्ट करते हुए मैं तुम्हारे पैर को छुए जा रहा था थोड़ी गुदगुदी की वजह से तुम हँसे जा रही थी फिर मैं रुका और हम दोनो ने वो पल कैद कर लिए जो हमारे लिए बेहद जरूरी हैं। उसके कुछ देर बाद मैं फिर से तुम्हारी उंगलियों को छूने लगा और मेरे दिल में एक रात की तस्वीर बन गई जिस रात में हम दोनो अकेले होंगे। उस रात में मैं तुम्हारे पैरों पर अपना सर रखकर सो जाना चाहता हूं, क्योंकि मुझे करना है वो सब।

"बिजनेस का क्या सोचा है"?

"अभी तो नही, देखेंगे आगे"

"बस सोचकर चलना, ईजी रहेगा सब"

तुमसे ये सब मैने इसलिए भी कहा था क्योंकि मैं तुम्हे कामयाब होते हुए देखना चाहता हूं, बहुत ज्यादा कामयाब। हालांकि तुम मुझसे एक कदम आगे हो तो कामयाबी भी पहले ही पा लोगी लेकिन इस सवाल में छुपा था वो पल जिस पल में तुम बहुत ज्यादा कामयाब हो और मैं तुम्हारी कामयाबी पर ताली बजाता हुआ तुम्हे देख रहा हूं।जब भी तुम मुझे अपनी बातों की गाड़ी में बैठाकर अपने परिवार से मिलाने ले जाती हो तो मुझे यही पता चलता है कि तुम थोड़ी थोड़ी सबकी ही परछाई हो और तुम्हारा परिवार कितना अलग और अच्छा है ये सब मुझे पता चल जाता है क्योंकि मैं सबको तुम्हारे शब्दो की नज़र से देख लेता हूं तो उनकी खूबसूरती में चार चांद लग जाते हैं। मेरी बाहों में सिमटकर तुमने मुझे एग्जाम के लिए ऑल द बेस्ट कहा और हम दोनो चल दिए, उस वक्त तुम्हारी आंखों में उमड़ी उम्मीदों को मैं साफ साफ देख रहा था जो मुझसे कह रहीं थी कि तुम किस कदर चाहती हो कि मैं एक कामयाब

इंसान बन जाऊं। मैने उन आंखो के दरमियान अपनी दुनिया देखी और उसमे तुम्हारी मुस्कान देखकर मैं चल दिया।

❧

18 और 23 तारीख के बीच मैने तुम्हारे लिए नही लिखा, बात ऐसी नही है कि मैने नही लिखा बल्कि एग्जाम की वजह से मैं लिख नही पाया और जब मैने तुम्हे ये बताया तो तुमने मुझसे बस यही कहा कि "अभी एग्जाम है ना, वो ज्यादा जरूरी हैं" तुम्हारी इसी समझदारी की वजह से मैं अपना दिल तुम्हारे हाथो में रख देता हूं। हर बार। इन दिनों में मैं तुमसे जब मिला तो मैने तुम्हारा वो रूप देखा जो मुझे बहुत खूबसूरत लगा क्योंकि मैने देखा तुम्हे खुल्के मुस्कुराते हुए। दोनो ही दिन वहां आई हुई आंटियों को देखकर मैं उनकी डबिंग कर रहा था और तुम हँसती हुई बार बार अपना आपा खो रहीं थी। तुमने मुझसे कहा था कि आप लोगो को तंग करके क्यों हँसाते रहते हो। जब मैने तुम्हे हँसाया तो मैने तुमसे कहा कि देखिए आज पता चल गया आपको मैं किस तरह लोगो को तंग करता हूं। तुम्हारी मुस्कुराहटो को देखकर मैं दिल हारता रहा और उन पलों को दिल में उतारता रहा क्योंकि वो पल बहुत ही खूबसूरत थे और उन पलों में तुम्हारा अपने पागलपन से मिलना और भी ज्यादा खूबसूरत। इन सब पलो के बाद तुमने मुझसे कहा भी,

"आपको लगता होगा कैसी पागल सी है"

"नही, अच्छा लगता है कि आपको अपना पागलपन ढूंढने की जरूरत नही है। आप उसे खुलकर जीते हो"

ये सुनते ही तुम मुस्कुरा दी। तुम अपने पागलपन से रोज मिलती हो और उसे खुलकर जीती हो। जब भी मैं तुम्हे तुम्हारे पागलपन को जीते हुए देखता हूं तो मेरे दिल को तसल्ली मिलती है कि तुम्हारे पास तुम्हारा पागलपन है जिसे तुमने संभालकर रखा हुआ है और जो दुनिया की कोई परवाह नही करता। असल में, पागलपन दुनिया की परवाह करता ही नही है। मैं तुम्हारे साथ अपने अतीत में गया और तुम मेरे साथ अपने अतीत में, हम दोनो ने एक दूसरे को हाथ थामकर अपने अतीत की गलतियां दिखाई और उन गलतियों से आगे बढ़कर इस वर्तमान में एक

दूसरे को साथ पाया। एक दूसरे की बाहों में।

इतने दिनो के बाद मैने तुम्हे गले से लगाकर खुदको आराम दिया और मेरी हर एक सांस फिर से नूर से भर गई। उन सन्नाटो में वो रास्ते, वो पेड़ और वो आसमान का आधा चांद फिर से हमारे एक होने का गवाह बनकर मुस्कुराने लगे। जैसे हम दोनो एक होने के बाद एक दूसरे को देखकर मुस्कुराने लगते है ठीक वैसे ही जैसे दो बिछड़े प्रेमी मिलने पर मुस्कुराते हैं कई सालो बाद। तुम मुझमें सिमट जाती हो और मैं उस पल खुद से ज्यादा खुशनसीब किसी को नही मानता, क्योंकि वो पल सबसे ज्यादा नायाब होता है। तुम्हारे गालों को छूकर मैं उस नूर को छूता हूं जिसे लोग सिर्फ देख ही पाते हैं, मेरी किस्मत कितनी अच्छी है कि उस नूर को मैने अपनी रूह में उतार रखा है और रोज उसे छूकर अपने आप को नूर से भर रहा हूं, धीरे धीरे।

तुमसे रातों को घंटो बात करना मुझे ठीक वैसा लगता है जैसे मैं तुम्हे अपनी बाहों में सुलाकर तुमसे धीरे धीरे सब बातें कर रहा हूं और तुम्हारे माथे को चूम रहा हूं। तुम मेरी धड़कनों को सुनकर उन्हें सब जवाब दे रही हो और मैं तुम्हारे बालों में अपने हाथ उलझाकर खुदको उनमें खो रहा हूं। तुम्हारे माथे से माथा मिलाकर मैं बस बैठा रहा और मैने महसूस किया मेरी सारी चिंताओं का मेरे माथे से निकलना। तुमने मुझसे मेरी टाई लेली और वो पल मुझे ऐसा लगा जैसे एक बार फिर तुमने मुझे अपने दिल में संभालकर रख लिया हो। कुछ दूर चलकर मैने तुम्हे तब तक गले लगाए रखा जब तक मेरी बाहों को आराम नही हुआ, हालांकि वो जगह लोगो की है तो मैने जल्दी ही तुम्हे छोड़ दिया लेकिन तब तक मेरे कलेजे को थोड़ी ठंडक पहुंच चुकी थी और जब मैने तुम्हारे माथे पर अपने होंठो का एहसास दिया तब तुम मेरी बाहों में सिमटी तो मुझे और ठंडक मिल गई। तुम्हे हॉस्टल तक छोड़ने के बाद जाते हुए मैने तुम्हारा हाथ पकड़ा और तुम मुड़कर मुस्कुराने लगी, ये पहली बार था जब तुमने मुझे मुड़कर देखा था और साथ ही तुम मुस्कुराई थी। मैने वो पल अपनी आंखो में कैद किया और घर की तरफ चल दिया।

25 February 4:00

कॉलेज कैंटीन में मैने तुम्हे पढ़ते हुए देखा और पढ़ते हुए तुम और भी ज्यादा खूबसूरत लग रहीं थी जब तुम्हारे माथे पर वो दृश्य चल रहा था और तुम्हारे होंठो पर वो शब्द थे जो तुम पढ़ रहीं थी। इन सबके बीच में मैं तुम्हारा चेहरा पढ़ रहा था जिसमे इतना concentration था कि दुनिया की कुछ पड़ी ही नही है सिर्फ अपनी पढ़ाई पर ध्यान देना है। तुम्हे मैंने कई बार देखा है ऐसे ही कि जब तुम concentrate कर लेती हो तो फिर उसे भंग करना बहुत ही ज्यादा मुश्किल है। कॉलेज से निकलकर हम ग्राउंड पहुंचे और वहां बैठकर तुम अपने अतीत में चली गई और मैं तुम्हे देखता हुआ कहीं पीछे रह गया, मैंने तुमसे कहा कि पहले मैंने सोचा था कि मैं आपकी मदद करूंगा बिजनेस वगेरह की नॉलेज लेकर फिर मैंने सोचा कि नही,

❧

"क्यों" तुमने पूछा।

मैंने जवाब दिया, "क्योंकि तुम्हारी कामयाबी में मैं अपना कोई श्रेय नही चाहता, मैं सिर्फ तुम्हारे लिए तालियां बजाना चाहता हूं तुम्हे अपने दम पर खड़ा होते हुए देखकर। वरना आप ये कह दोगे कि आपने ये किया है आपने वो किया है।"

"मैं आपको कभी ये सब गिनाऊंगी नही"

"मुझे पता है मेरी जान"

हम दोनो ने वहां एक आदमी को देखा जो पैर सही ना होने के बाद भी अपनी कोशिशों में कमी नही छोड़ रहा था, मैंने उसे देखकर तुमसे कहा, "देखा..हिम्मत ना हारना। अड़े रहना है बस"

तुम एक बहुत गहरी सोच में डूब गई और मैं बस तुम्हे देखता रहा कि तुम कैसे उस गहराई में जा रही हो और मैं बस चाहता था कि उस गहराई में जाकर तुम उस ज़मीन पर गिरो नही, बल्कि खड़ी हो जाओ तो मैंने तुमसे पूछा, "क्या हुआ"

"कुछ नही"

"अरे बताओ"

"कुछ नही बस ऐसे ही"

"नही देखो कुछ तो है, बताओ जल्दी"

फिर तुमने बताना शुरू किया कि जब भी तुमने कोशिशें की हैं तो किसी न किसी वजह से वो कोशिशें मुकाम तक नही पहुंच पाई लेकिन तुमने उन सबके लिए खुदको दोषी मान लिया था।

मैने तुम्हे समझाया कि "दुनिया में सब कुछ हमारे हाथ में नही है, अगर सब कुछ हमारे हाथ में होता तो आज हम दोनो यहां नही अपने अपने घरवालों के साथ बैठे होते"

"हांजी" तुमने थोड़ा मुस्कुराते हुए कहा।

"लेकिन इन सबसे मुझे क्या मिला"

"अनुभव(एक्सपीरियंस)"

"ज़रूरी तो वही है ना अब आप कहीं भी इससे जुड़ा कुछ काम करोगे तो उतनी दिक्कत नही आयेगी" उस पल हम दोनो एक दूसरे को कसके गले लगा लेना चाहते थे लेकिन हालात वैसे नही थे तो हम दोनो के हाथो ने एक दूसरे को गले लगा लिया।

तुम मेरी बात समझ गई और थोड़ा थोड़ा मुस्कुराने लगी फिर चलते हुए मैने तुमसे कहा, "उदास नही होते...जब सब कुछ हमारे हाथ में नही होता तो खुदको दोष देना भी एक गलती है और गलतियों से सिर्फ सीखना अच्छा है, उनमें रुकना नही"

तुमने हामी भरते हुए अपना सर हिलाया और मुझसे कहा, "शुक्रिया"

"अरे क्यों"

"मैं जब ऐसे सोच रही होती हूं कुछ तो किसी से बात नही करती लेकिन आज पहली बार मैंने किसी से बात की और वो भी अच्छे से बात की, इसलिए।"

༺࿓༻

थोड़ा आगे चलकर मैने भी तुम्हे "शुक्रिया" कहा क्योंकि तुमने मुझे अपनी जिंदगी के उस पल का भी हिस्सा बना लिया था जिसका हिस्सा सिर्फ और सिर्फ तुम थीं। मैं उन पलों में होकर इतना ज्यादा खुशनसीब

महसूस करता था कि जैसे सारी कायनात ने मुझे भेजा हो इन सब पलो का हिस्सा होने के लिए। कुछ देर चलने के बाद हम दोनो बैठ गए और बातें करने लगे हैं, अक्सर हमारी बातें जब रुक जाती हैं तो हमारी आंखें एक दुसरे को देखती रहती हैं और उन पलों में हम दोनो एक दूसरे की आंखो की दुनिया में खोकर कुछ ढूंढते हैं और जब वो मिल जाता है तो हंसने लगते हैं और तुम शरमाने लगती हो। शाम गहरी हुई तो तुम्हारे दोस्त भी आए और माहौल थोड़ा और अच्छा हो गया क्योंकि तुम और तुम्हारे दोस्तो की दोस्ती देखने भर से मैं खुश हो जाता था और फिर आज तो मैं उसका हिस्सा बन रहा था। थोड़ी देर बैठकर वो दोनों चले गए और हम अपने कीमती पलो को मोबाइल में कैद करने लगे। फोटो लेते हुए तुमने मेरे कंधे को चूमा तो मुझे लगा जैसे पल यहीं थम गया हो क्योंकि तुम्हारा मेरे कंधे को चूमना मुझे बार बार यही बता रहा था कि तुम्हे किस तरह मुझपर भरोसा है और मेरे कंधे को तुम अपना सहारा मानती हुई उसे शुक्राना दे रही हो

जब तुमने मेरे कंधे को चूमा तो वक्त का ठहराव मुझे बहुत थोड़ा महसूस हुआ और मैं चौंक गया कि मेरे साथ ये सब हो रहा है उसके बाद जब तुमने मुझसे कहा, "जल्दी लेना फोटो"

"वीडियो बना लेता हूं, फिर स्क्रीनशॉट ले लेंगे"

"चलिए ऐसा कर लेते हैं"

मुझे लगा शायद तुम मेरे कांधे पर सर रखोगी लेकिन तुमने जिस तरह से मुझे कसके पकड़ा और मेरे चेहरे से चेहरा मिलाकर मेरी रूह को नूर से भर दिया, तब मैंने महसूस किया वक्त का पूरी तरह से ठहरना क्योंकि उस पल पर मैं बिल्कुल भी यकीन नही कर पाया कि ये सब मेरे साथ हो रहा है। वो सब इतना सच्चा था कि वक्त के साथ साथ मैं भी उसी पल में ठहर गया था और वहां से आगे बढ़ने का मेरे मन किया ही नहीं। मैं बस वहीं उस पल में अटक गया, तुमने मुझसे पूछा, "इतने चुप चुप क्यों हो"

मुझे बोलना तो बहुत कुछ था लेकिन मैं कुछ बोल ही नही पा रहा था....उस पल का असर मेरे दिल पर कुछ इस तरह हुआ था कि मैं बस उस पल के ठहराव में सुकून पा रहा था। मैंने तुम्हारी गोद में सर रखा

और मैं वहीं लेटा रहा, तुमने मेरे बालो को सहलाकर मुझे थोड़ा और आराम दिया और उस पल से बाहर आने के लिए बुलाया, मैं उस पल से बाहर आया और उस पल के बारे में कुछ बोल नहीं पाया क्योंकि वो पल मेरे शब्दो से दायरे से कहीं बहुत दूर था। उस पल में इतनी पवित्रता थी कि मेरे शब्दो ने उस पवित्रता को पकड़ने या उसके पास जाने से बेहतर उसे सिर्फ दूर से देखना ही अच्छा समझा क्योंकि उस पल की पवित्रता मेरे शब्दो को शुद्धता दे रही थी और उस शुद्धता में तुम्हारे प्यार का हर एक हिस्सा मेरे भीतर उतर रहा था। मैं तुम्हे देख रहा था कि ऊपरवाले ने इतना कुछ छीनकर मुझे कितना कुछ दे दिया है, मुझे गिरते हुए सिर्फ सहारा नही दिया है बल्कि एक आसरा दे दिया है और वो आसरा भी ऐसा है कि उसमे हर एक सुबह और हर एक शाम पहले वाली से कई ज्यादा बेहतर होती है। थोड़ी देर हाथ पकड़कर चलने के बाद मैंने तुम्हे गुदगुदी की और आगे चलकर तुमसे कहा,

"आज आपने एक सवाल खत्म कर दिया है"

"कौन - सा"

"बस लिखकर बताऊंगा, आप पढ़ लेना"

वो जवाब मै लिख रहा हूं यहां, असल में जब तुमने मुझे पास लाकर मेरे चेहरे से अपना चेहरा मिलाकर आंखें बंद की तो उस वक्त जब मैं उस पल में ठहरा तो मुझे पता चला कि तुम मुझे कितना चाहती हो और कितना प्यार करती हो। तुमने किस तरह से अपना सब कुछ मेरे नाम कर दिया है और अब तुम्हे उस बात पर कितना गुरुर है कि हम दोनो साथ हैं। मैंने महसूस किया कि किस तरह तुमने अपनी आँखें बंद करके वो प्रेम महसूस किया है जिसे मैं तुम्हारे साथ महसूस करता हूं लेकिन बता नही पाता। तुमने वो करके ये सवाल इसलिए भी खत्म कर दिया क्योंकि तुमने मुझे बताया कि तुमने अपना सब कुछ मेरे नाम कर दिया है, पहले कभी तुमने किसी से इतना प्रेम नही किया और ना ही कोई तुम्हारे इतना करीब आ पाया है जितना मैं आ गया हूं, तुमने बताया कि तुम किस तरह अपनी सारी जिंदगी मेरे साथ खुशी खुशी बिता देना चाहती हो और ये रिश्ता तुम्हारी जिंदगी का वो हिस्सा है जो सबसे करीब है। मैंने ये सब महसूस किया और मेरा सवाल "आप मुझसे कितना प्यार

करती हो?" खत्म हो गया, क्योंकि अक्सर जब हम जवाब को महसूस करते हैं तो उसमे से सवाल निकलता ही नही है। वो जवाब दिल की गहराइयों में जाकर बस जाता है और ये जवाब भी कुछ इसी तरह बस गया।

हालांकि मैं इसमें से एक सवाल और पूछ सकता हूं कि

"इतना प्यार क्यों?"

लेकिन मुझे उसका भी जवाब मिल गया कि मेरे साथ तुम सिर्फ अपनी खुशियों या इस रिश्ते से नही मिलती, मेरे साथ तुम अपने पागलपन और खुद से भी मिलती हो। जब हम खुद से मिल जाते हैं तो किसी से भी मिलना इतना कीमती नही रहता क्योंकि खुद से मिलकर सारे जवाब मिल जाते हैं जो हम दुनिया में ढूंढते हैं।

तुम अक्सर मुझसे पूछती हो कि मैं तुम्हारे पैर क्यों छूता हूं और कभी कभी उन्हे छूकर उस एहसास को अपने माथे से क्यों लगा लेता हूं, इस दुनिया के बाकी आशिक मुझे बचकाना बताएंगे ये सब करने के लिए। असल में, मैं एक बच्चा ही हूं जिसका दोबारा जन्म हुआ है और तुम वो पहला शख्स हो जो मेरे जन्म के बाद मुझे मिला और जिसने इस दुनिया को लेकर मेरा नजरिया ही बदल दिया है। मेरा जन्म अभी हुआ है और तुम यहां पहले से हो इसलिए मैं तुम्हारे पैरों को छूकर उनका एहसास अपने माथे से लगा लेता हूं क्योंकि वो एहसास मेरी सारी चिंताओं को दूर भगा देता है और मैं खुदको एक ऐसी दुनिया में पाता हूं जहां मैं किसी पहाड़ पर शांत बैठा हुआ अपने आप से मिल रहा हूं और मुझे मेरे हर सवाल का जवाब मिल रहा है। उस एहसास का एक मतलब ये भी होता है कि तुमने मुझे इतनी मोहब्बत दी है कि अब मैं तुम्हारे पैरों में भी खुशी खुशी रह सकता हूं लेकिन तुम मेरी जगह अपनी बाहों और अपने दिल में रखती हो क्योंकि तुम्हे वो अच्छा नही लगता। कुछ वो इसलिए भी अच्छा लगता है क्योंकि तुम मुझसे एक साल बड़ी भी तो हो...वो एक रिवाज भी हो जाता है। असल में, तुम्हारे पैर छूना प्रेम का बहुत अनमोल एहसास है जिसे जीने में मुझे बहुत ज्यादा खुशी होती है। वहां से चलकर हम हॉस्टल की तरफ बढ़े और वहां जाकर मैंने तुम्हारे माथे से माथा मिला किया क्योंकि मैं तुम्हे उस पल का शुक्राना देना चाहता था जिसमे

तुमने मुझे ठहरा दिया था और उस ठहराव में मैने वो सब महसूस किया जो जरूरी था। तुम्हे शुक्राना देकर मैं उस पल को अपने भीतर कैद करके वहां से निकल गया।

26 February 8:30

"सबसे छुपकर आया था मैं मिलने तुमसे,,
इश्क के चर्चे करना रिश्ते का नुकसान है,,
मिलन की खुशी में बरस कर सबको बता रहा है,
ये आसमान भी देखो कितना शैतान है।"

रात से ही बहुत तेज बारिश पड़ रही थी तो मैने ये शायरी लिखकर अपना खयाल बताया कि हम दोनो को जो प्यार का एहसास हुआ है उसकी खुशी आसमान को भी हुई है और उसके खुशी के आंसू छलक गए। बारिश ज्यादा थी तो हमने मिलने का प्रोग्राम कैंसल कर दिया हालांकि मैने तुमसे कॉल पर बात की जब तुमने मुझे बताया कि आज रात मूवी का प्लान है।

27 February 7:00

तुमसे बात करते हुए मैं कब सो गया मुझे पता नही चला, जब सुबह आंख खुली तो तुम्हारे मैसेज देखे और साथ में एक कॉल भी जो रात 3:42 की थी। मुझे बहुत बुरा महसूस हुआ कि मैं सो गया, मैने तुम्हे सॉरी के टेक्स्ट भेजें और सोचने लगा कि काश मैं उठ पाता। इसी सोच में तुम उठ गईं और तुम्हारा मैसेज आया,

"सॉरी वाली कोई बात नही है नींद तो आयेगी ही ना और रही बात कॉल की तो वो मैने इसलिए की थी क्योंकि मूवी के बाद जब सोने जा रही थी तो उससे पहले आपकी आवाज सुनने का मन कर रहा था"

मैने ये मैसेज पढ़ा और मेरी आंखो में पानी आ गया। मेरे मन में बस एक ही बात चल रही थी,

"आखिर कोई मुझसे इतना प्यार कैसे कर सकता है"

मेरे लिए वक्त फिर से ठहर गया और मैं बस उस ठहरे वक्त में उस मैसेज को देखने लगा जैसे मैं बस उसे अपने दिल से लगा लेना चाहता हूं और साथ में तुम्हे भी। मैं बस तुम्हारी बाहों में खो जाना चाहता हूं कहीं...इतनी दूर कि ना किसी को मेरे निशान मिले और ना ही मेरा पता बस मैं तुम्हारे दिल में कहीं गायब सा हो जाऊं, हमेशा के लिए। तुम्हारा इतना प्यार मेरे लिए कितना ज्यादा है ये मैं कभी बोल ही नही सकता क्योंकि मेरे शब्द चाहे जितने भी अनमोल हो, तुम्हारे प्रेम की पवित्रता के सामने इनका मोल कुछ भी नही है। अपना काम खत्म करके मैं तुमसे मिलने आया और मिलने के बाद हम दोनो ग्राउंड की तरफ चल दिए, मैंने तुम्हे वो सब पढ़वाया जो मैं तुम्हारे लिए लिखकर लाया था और उस पढ़ते हुए मैं वो सब तुम्हारी आँखो से पढ़ रहा था और देख रहा था उसे और भी ज्यादा खूबसूरत होते हुए। पढ़ने के बाद तुम चुप हो गई और तुमने मेरे गालों पर उन शब्दो का शुक्राना दे दिया।

"जब अपने पास कुछ बोलने के लिए ना हो तो क्या बोलें भला?" तुमने पूछा।

"जिसके लिए लिखा गया है बस वो मुस्कुरा दे, क्योंकि उस मुस्कान के लिए ही लिखा है" मैंने जवाब दिया।

तुम मुस्कुराने लगी। वहां जाकर फिर से हमारा एक दूसरे का हाथ थामकर अतीत में जाना शुरू हुआ लेकिन इस बार मैं रोने लगा, काफी काबू करने के बाद भी मेरी आँखें छलक ही गई और जब मैंने अपना सर नीचे किया तो तुमने मेरे कांधे और कमर पर हाथ रखकर ये बताया कि तुम वही हो और रहोगी भी। मैंने अपने आंसू पोंछे और तुम्हारी गोद में सर रखकर खुदको आराम दिया।

☙

"मैंने मूड स्पॉइल कर दिया शायद" मैंने कहा।

"नही ऐसा कुछ नही है"

उस वक्त हम दोनो ही एक दूसरे को गले लगा लेना चाहते थे लेकिन हम पब्लिक प्लेस पर थे तो हमारे हाथो ने एक दूसरे को गले लगा लिया और वो पल मेरे आंसू कहीं दूर ले गया।

"आज मैं पहली बार रोया न आपके सामने"

"जब हमारी पहली बार बात हुई थी तब भी रोए थे आप"

"अच्छा....कॉल पे?"

"हां, जब भी मुझे उदास सा महसूस होता है तो मैं उस जगह जाकर खड़ी हो जाती हो जिससे सब याद आ जाता है और आराम मिल जाता है।"

मैं तुम्हे देखते हुए आगे बढ़ गया और हम दोनो बैठ गए।

❧

बैठते हुए हमने उन पलों को फ़्रीज़ करके फोटो में कैद करना शुरू कर दिया और वो एक एक पल वहीं थम गया। धीरे धीरे शाम ढल रही थी और हम करीब आ रहे थे। तुमने मुझे चलने के लिए पूछा और मैंने मना कर दिया तो तुम गुस्सा हो गई और जाने लगी।मैंने तुम्हारा हाथ थामा और दो बार बैठने के लिए कहा, तीसरी बार तुम मेरी गोद में ही बैठ गई। मेरी धड़कनों को आराम हो गया, वक्त ठहर गया और मेरा दिल कुछ ठहर कर फिर चलने लगा। तुम्हारा यूं मेरी गोद में बैठ जाना एक ऐसा एहसास था जो मैं दोबारा महसूस करना चाहता था क्योंकि उस एक सेकंड में मुझे 19 सालो का ऐसा सुकून मिला था जिसकी कल्पना ना मैने की थी और ना ही मेरी कविताओं ने। मैं उस पल से बाहर आया और तुम्हे ना जाने क्या बताने लगा, मैं तुम्हे बता रहा था ट्रेन के सफर के बारे में, तभी तुमने इतने प्यार से अपना हाथ मेरे गाल पर रखा कि ट्रेन में बैठा हुआ मैं सीधा बादलों में पहुंच गया जहां ठंडी हवा थी, खूबसूरत नज़ारे और तुम। मेरे लिए वक्त एक बार फिर ठहर गया।

शाम थोड़ी और ढलने लगी तो हम दोनो और भी ज्यादा करीब आ गए और वो सन्नाटे, वो खाली जगह, बदलता आसमान और पेड़, हमारे एक हो जाने का शोर करने लगे तभी हम दोनो एक बार फिर एक हो गए। उसके बाद हम दोनो वहां से उठकर चल दिए। थोड़ी दूर चलकर तुमने मुझे बाहों में भर लिया और मेरी बाहों की सारी बेचैनी एक ही पल में दूर हो गई। थोड़ा दूर चलकर मैंने तुम्हे ऐसे गले लगाया जैसे मैं तुम्हारी गोद में लेट जाना चाहता हूं। तुम्हे थोड़ा अजीब सा भी लगा पर फिर

तुमने मेरे माथे पर हामी भरने का एक एहसास दिया। हम वहां से चल दिए। हॉस्टल के बाहर जाकर मै सिर्फ तुम्हे देखता रहा क्योंकि तुम्हारा मिजाज़ इतना खुसबूरत है कि उसे देखते हुए मेरा मन कभी भरता ही नही है और मैं बस एकटक तुम्हारी निगाहों में छुपे राज और तुम्हारे चेहरे पर लिखी दास्तान पढ़ता रहता हूं चुप चाप खड़ा होकर। वो सबसे खूबसूरत एहसास होता है।

28 February 3:30

क्लास ओवर होने के बाद तुम मेरे पास आई जब मैं किताब पढ़ रहा था और धीरे से आकर मेरे पास बैठ गई। तुमने मुझे बताया कि तुम्हारी presentation एकदम अच्छी हुई है और फिर तुमने मुझसे कहा,

❦

"आपने श्रावणी को ऑटोग्राफ दे दिया?"
"नही, क्यों"
तुमने बैग में से अपनी डायरी निकाली और मुझसे कहा,
"लीजिए, अपनी लाइफ का पहला ऑटोग्राफ मुझे दीजिए"
"पर....कैसे...मुझे नही आता ये सब"

❦

फिर तुमने मुझे बताया कि कैसे करते हैं और मैने तुम्हारे लिए कुछ लिखकर उसके नीचे अपने साइन कर दिए। जब तुमने वो सब देखा तो तुम्हारे चेहरे पर इतनी बड़ी मुस्कुराहट आई जिसे देखकर मैने फिर से वक्त को ठहराने की कोशिश की क्योंकि हमेशा की तरह मैं उस मुस्कान को अपने दिल में कैद करके रख लेना चाहता था उस पल के लिए जिस पल तुम थोड़ी सी भी उदास होंगी तो मैं तुम्हे तुम्हारी ये मुस्कान दे दूंगा।रास्ते में आते हुए मैं तुम्हारे गालों को छूकर तुम्हारी आंखों में देखते हुए ये बताना चाहता था कि ये पल मेरे लिए कितना ज्यादा खास है जब तुमने मुझसे मेरी एक और निशानी ली है और मुझे यकीन दिलाया है

कि मैं अपने सपनो को हासिल कर सकता हूं ठीक उस पल की तरह जब तुमने मुझे डायरी दी थी इस विश्वास के साथ की आगे जाकर जब मैं अपनी मर्चेंडाइज बनाऊंगा तो तब वो कैसी होगी। थोड़ा दूर चलने के बाद तुमने मुझसे मेरा बैग मांगा और तुम उसे गले से लगाकर हॉस्टल तक चली गई वापस आने के लिए। तुम्हारे छोटे छोटे से प्यार के तरीके मेरे लिए इतनी बड़ी बड़ी एहमियत रखते हैं कि मैं बस मुस्कुरा पाता हूं और कुछ नही कर पाता।

थोड़ी देर चलने के बाद हम ग्राउंड पहुंचे और तुमने अपना सर मेरे कांधे पर रख लिया, खुदको आराम देने के लिए। मैंने फोन उठाया और उस पल को कैद कर लिया, हालांकि तुम्हारे साथ बिताया हुआ हर पल मैं कैद करने से ज्यादा जीता हूं लेकिन कुछ पलो को जीते जीते कैद करलेना मुझे बहुत खूबसूरत एहसास देता है। हम दोनो वहां शांत बैठे रहे, कभी कभी बातें नही करने के अलावा खुद को शांत रखना जरूरी है, ये पता करने के लिए कि कोई हमारी खामोशी को कितना झेल सकता है और हम कितनी देर खामोश रह सकते हैं। कुछ देर बाद तुम मुड़कर गईं और मैने तुम्हारे कांधे पर सर रखकर तुम्हे करीब खींच लिया। हम ऐसे ही कुछ देर और शांत बैठे रहे। आंटी के आने के बाद मैने उनकी डबिंग करना शुरू किया तो तुम्हारे चेहरे पर एक बड़ी सी मुस्कान आ गई और तुम अपने पागलपन से मिलने लगी, ये देखकर मेरा दिल बहुत ज्यादा खुश हो गया। कुछ देर बाद हम वहां से चले और घूमने के बाद फिर से बैठ गए। बैठते ही तुम्हारे अतीत को देखने लगा उन सारे फोटोज में जो तुम मुझे दिखा रही थी, लग रहा है था जैसे तुम पहले से ही इतनी पागल हो और लगातार अपने पागलपन से मिलती रहती हो।

৩৩

"आप मम्मी की तरह हो" मैने तुमसे कहा।

तुम हामी भरते हुए मुस्कुराने लगी।

मैं फिर से उन पलों को कैद करने लगा जो सिर्फ हमारे थे, जिनमे हम दोनो कुछ वक्त चुराकर एक दूसरे को दे रहे थे और उसका बेहतर इस्तेमाल कर रहे थे। शाम धीरे धीरे गहरी हो रही थी और हम दोनो एक

दूसरे की आंखो में खोते जा रहे थे बातें करते हुए।

तभी मैंने तुमसे कहा,

"कल मन्दिर चलेंगे"

"ठीक है" तुमने जवाब दिया।

"सुबह या शाम?"

"आप बताओ"

"सुबह चलेंगे, मन्दिर तो खुला ही रहेगा"

"ठीक है" तुमने मुस्कुराते हुए कहा।

"कल मन्दिर जाकर प्रार्थना भी तो करनी है कि हमारा रिश्ता भी शिव पार्वती जैसा हो"

तुम मुस्कुराने लगी।

मैंने आगे बोलते हुए कहा, "राधा कृष्ण की शादी नही हुई थी तो उनके जैसा नही कह सकता, वो तो सांसारिक मोहमाया से बहुत दूर थे कि भले ही वो एक दूसरे को नही मिले पर प्रेम रहा और हम इस संसार में चाहकर भी मोह माया नही छोड़ सकते"

तुमने मेरी बात को आगे बढ़ाते हुए कहा, "उनका प्रेम तो सबको पता है इसलिए भी उन्हे शादी की जरूरत नही पड़ी लेकिन आजकल की दुनिया में तो अगर प्रेम किसी को पता चल गया तो शादी ही करनी है"

"हांजी" मैने कहा।

"और राम और सीता पहले वनवास में अलग हुए फिर सीता माता जी ही चली गई इसलिए शिव पार्वती जैसा प्रेम, अंत तक साथ"

❦

तुमने फिर हामी भरते हुए एक मुस्कान से मेरी बात में अपनी हां मिला दी। तुम जाने के लिए खड़ी हुई तो मैंने तुमसे रुकने के लिए कहा फिर मैं ड्रामे करने लगा जिन्हे देखकर तुम बस हसे जा रही थी और मुझे ऐसे देख रही थी जैसे मैं कोई छोटा बच्चा हूं, बड़े ही प्यार से। तुम फिर से बैठ गई और तुमने कल की तरह मेरे चेहरे पर इस तरह हाथ रखा कि मैं फिर से वहीं पहाड़ों में पहुंच गया जहां सिर्फ सुकून था और उस सुकून में मैं, सिर्फ मैं। उसके कुछ देर बाद मैं तुम्हे तुम्हारा मनपसंद गाना सुनाने

लगा जिसके बाद तुम बहुत खुश हुई और फिर मैंने तुम्हे "लग जा गले" सुनाया।

⌘

उसके बाद मैं कांपने लगा और तभी मैं गाने लगा,

"भूलेगा दिल जिस दिन तुम्हे वो दिन जिंदगी का आखरी दिन होगा"

"नही होगा" तुमने कहा।

तुमने अपनी बात आगे बढ़ाते हुए कहा, "अभी हमें मिले सिर्फ 2 महीने हुए हैं, जिंदगी बहुत बड़ी है"

"मुझे सारी आपके साथ गुजारनी है"

"We will make it happen"

मैंने तुम्हे गुदगुदी उठाने के लिए तुम्हारे पेट पर हाथ रखा और गुदगुदी उठाने लगा तभी तुमने कहा,

"अभी इसमें कोई है नही तब इतना करते हैं आप, जब कोई आ जायेगा तब क्या करेंगे"

ये सुनते ही मैं मुस्कुराते हुए शरमाने लगा। तुमसे ये शब्द सुनना मुझे इतना सुकून देकर गया था कि मैंने वो पल देख लिया था जब हम मां बाप बनने वाले हैं और मैं तुम्हे हर काम सही से करने के लिए बोल रहा हूं। मैंने देख ली थी अपनी पूरी जिंदगी तुम्हारे साथ, सिर्फ उस एक पल में।

"अब बताइए, हमे बहुत कहते हैं क्यों शरमाते हो क्यों शरमाते हो, नही अब बताइए ना" तुमने मेरा मजाक बनाते हुए कहा। मैं तुम्हारी तरफ मुड़ा और तुम्हारी आंखों में अपनी जिंदगी देखने लगा, अंधेरे में भी मुझे तुम्हारी आँखें और उन आंखो में हमारी जिंदगी एकदम साफ साफ दिख रही थी। तुमने मुझसे कहा,

"तब तो यही कहेंगे न आप, ध्यान से बैठो ये मत करो वो मत करो, है ना?"

"हांजी" मैंने बिना नजरें हटाए मुस्कुराते हुए कहा।

"लो, अब हां भी कर रहे हैं" तुमने बड़े मजाकिया अंदाज़ में कहा।

⌘

मैं बस तुम्हे देखे जा रहा था और मुझे मेरी ही किस्मत पर यकीन नही हो रहा था कि आखिर कैसे तुम मुझे मिल गई हों और इतनी बेपनाह मोहब्बत करने लगी हो, अगर इतनी मोहब्बत पाकर भी जिंदगी में कुछ बचा है तो वो मुझे चाहिए ही नही क्योंकि मैं कुछ भी कमा सकता हूं लेकिन जो इज्जत और प्यार तुम मुझे देती हो वो दुनिया में कही नही है। और ना ही होगा। तुम्हारे गालों पर हाथ रखकर मैंने तुम्हारे माथे को चूमा और बताया कि तुम्हारे ये शब्द मेरे लिए कितनी अहमियत रखते हैं। फिर हम वहां से उठकर चल दिए, थोड़ी दूर जाकर एक दूसरे की बाहों में खो गए और चलते चलते तुम्हे गाने सुनाते हुए हम हॉस्टल तक पहुंच गए। वहां जाकर जब मुझे सड़क पार करते हुए तुमने देखा और मैंने तुम्हे तो लग रहा था कि इतने दूर होकर भी हम दोनो कितने पास हैं।

हम दोनो दो किनारे ही हैं लेकिन वो दोनो किनारे एक जैसे ही हैं और कैसे एक हो रहे हैं धीरे - धीरे। एक दूसरे को मिल रहे हैं। उनका सब एक जैसा है इसलिए इस संगम से दोनो ही किनारों को कोई परेशानी नहीं है और ना ही कभी होगी। इस एहसास को दिल में उतारकर मैं वहां से मुस्कुराता हुआ चल दिया।

2
March

❧

1 March 9:00

हमारी मोहब्बत की शुरुआत जनवरी में हुई थी और अब मार्च का महीना आ गया। शिवरात्रि में तुम्हारे साथ मंदिर जाने के लिए मैं जल्दी आ गया और जब तुम हॉस्टल से आई तो तुम्हे आता हुआ देखकर मुझे ऐसा लगा जैसे धीरे धीरे रोशनी मेरी जिंदगी में आ रही हो। खुले बालों में तुम बला की खूबसूरत लगती हो लेकिन मैने जाना कि जब तुम्हारे बाल बंधे रहते हैं तब भी तुम कुछ कम खूबसूरत नही लगती। हम साथ में मंदिर गए और वहां जाकर मै तुम्हारे पीछे खड़ा हो गया क्योंकि मैं भगवान शिव को अपनी पार्वती दिखाने लाया था तो मैं तुम्हे खुदके पीछे छुपाकर नही रखना चाहता था मैं उन्हे बता रहा था कि ये हमारी जान हैं और इतनी सक्षम हैं कि हम खुशी खुशी इनके पीछे भी छुप जायेंगे। सारी जनता अपने भगवान को देख रही थी और मैं भगवान के दिए हुए उस तोहफे को जिसने मेरी जिंदगी में हर ख्वाब मुकम्मल किया है अपने हर बढ़ते कदम के साथ। तुम्हे देखता हुआ, मैं बार बार यही मांग रहा था कि "ये रिश्ता जीवनपर्यन्त चलता रहना चाहिए।" भगवान शिव से तुम्हारी कामयाबी का वादा लेकर मैं तुम्हे हॉस्टल छोड़ने आ गया।

कुछ देर में अपना काम खत्म करके मैं तुम्हारे पास आया और जल्दी जल्दी में हम दोनो ग्राउंड की तरफ चल दिए। घूमने के बाद हम दोनो बैठ गए और मैं तुम्हे अपने अतीत में ले जाने लगा जब तुमने मुझे बताया कि हमारा ऋषिकेश जाना तय हो गया है, ये सब सुनकर मैं बहुत खुश हो गया क्योंकि आखिरकार हमें एक दूसरे के साथ वो समय मिलने वाला था जब हम 24 के 24 घंटे एक दूसरे के साथ रहेंगे और उन पलों को खूबसूरती से जिएंगे। मैं तुम्हे अपनी बहन की शादी के बारे में बताने लगा तभी तुमने पूरी बात सुनने के बाद कहा,

"आपकी तो एक ही साली है"

ये सुनते ही मेरे चेहरे पर हंसी आ गई और मेरी आँखें तुम्हारी आँखों में उस भविष्य को ढूंढने लगी जिसमे मैं अक्सर खो जाया करता हूं। जब तुमने वो बात आगे बढ़ाई तो मुझे वो रास्ता मिल गया और मुझे फिर से दिखा हमारा खुशहाल आशियाना। थोड़ी देर बैठकर बातें करने के बाद हम दोनो वहां से चल दिए और थोड़ा सा घूमकर फिर से उन पलों को फोन में कैद करने लगे। उन पलों में हमेशा कुछ नया होता है, इसीलिए हम दोनो उन पलों को खास तरीके से संजोकर रखते हैं। शाम के ढलने के साथ साथ ही हम दोनो जाने की तैयारी करने लगे और तुम्हारे दोस्त तुम्हे लेने आ गए। उनका इंतजार करते हुए मैने फिर से ड्रामे करने शुरू कर दिए और तुमने फिर से किसी बच्चे की तरह मेरे दोनों गालों को दबाकर मुझे प्यार जताया,मेरा व्रत था तो मेरी शैतानियों पर तुमने भगवान से माफी मांगी और जैसे ही मेरी तरफ हाथ बढ़ाया तो वो मेरी आंखों में लग गया, तुम हड़बड़ा उठी और परेशान हो गई, मेरी आंखो को आराम देने के लिए अलग अलग नुस्खों का इस्तेमाल करने लगी और माफी मांगने की तो दुकान ही खोल दी।

मैने तुम्हे समझाया और तुम्हारा माथा चूमकर तुम्हे शांत करने की कोशिश की लेकिन तुम शांत नही हुई, तुम किसी बच्चे की तरह बार बार माफी मांग रहीं थी जैसे कोई छोटा बच्चा... नादानी में गलती करने पर बार बार उसकी माफी मांगता है बिना कुछ सुने तुम बिलकुल वैसे ही कर रही थी, उस माफी में मासूमियत थी और आंखो में नादानी। मैने तुम्हे गले से लगाया और बताया कि

"कुछ नही हुआ....परेशान न हो" तुम कुछ शांत हुई और मुझे घर भेजकर अपने दोस्तो के साथ रिक्शा में बैठकर मंदिर की तरफ चली गई और मैं तुम्हारी नादानी को अपनी आंखो में भरकर घर आ गया।

2 March 12:51

तुम्हारा snap देखकर मैंने तुम्हे मैसेज किया और तुमसे मिलने बिल्डिंग के सामने वाले ग्राउंड में आ गया और देखा कि तुम अपनी डायरी में कुछ लिख रही हो। मैंने जिद की तो तुमने कहा कि "पूरा नहीं है।" उसके बाद मेरे बहुत जिद करने पर तुमने उसे पूरा किया और मुझे पढ़वाया, वो सब पढ़ने पर मेरे चेहरे पर मुस्कुराहट आ गई क्योंकि मैं खुदको पन्ने पर उतरते हुए देख रहा था, वहां मैं वो था जैसा मैं खुदको देखना चाहता हूं। खुदको पन्ने पर देखना मेरी सबसे पहली तमन्ना है और एक बार फिर तुमने वो तमन्ना पूरी कर दी थी और मुझे मेरे दिल पर गुरुर हुआ कि उसने तुम्हे चुना है मुझे पन्नो पर उतारने के लिए। कुछ देर वहां बैठकर हम दोनो चल दिए। रोज की तरह शाम के समय मैं हॉस्टल के बाहर आ गया और तुम मुझसे मिलने आ गई। जब तुम मुझसे मिलने आई तो मैं अपनी कहानी में अटका हुआ था और बाहर आने का कोई रास्ता मुझे दिख ही नही रहा था, मैं वहीं अपने विचारो के आस पास किसी पेड़ की डाल पर लटका हुआ था। ना ऊपर अपने विचारो के पास जा रहा था और ना ही नीचे इस दुनिया के पास लेकिन तुम्हारी मुस्कान वो रोशनी बनकर आई जिसने मुझे वहां से निकलने का रास्ता दिखा दिया और मैं तुम्हारा हाथ थामकर उस कहानी से बाहर आ गया। तुम्हे साथ लेकर मैं ग्राउंड चल दिया और वहां जाकर मैंने तुम्हे ड्राफ्ट पढ़वाया और तुम खुश हो गई।

"ये सब लिखकर भी मुझे लगता है कि कुछ तो अधूरा है"

"कुछ अधूरा नही है, इतना सब तो लिख रहे हो।"

मैं तुम्हारा हाथ थामकर तुम्हे अपने अतीत में ले गया और वहां से निकलकर हम दोनो फिर बैठ गए। थोड़ी देर में पता चला कि हमारे जाने के प्रोग्राम में कुछ बदलाव हो गए हैं और अब हम सिर्फ एक दिन के लिए

ही जायेंगे। ये सुनते ही तुम्हारे चेहरे पर गुस्सा आ गया और तुमने अपने मन की सब बातें धीरे - धीरे निकालनी शुरू कर दी और मैं बस उन्हें ऐसे पिरोता रहा कि वो सब बाहर तो आ जाए लेकिन ज्यादा फैले ना। मैं पहली बार तुम्हे गुस्से में देख रहा था और तुम गुस्से में भी उतनी ही प्यारी लग रही थी जितनी असल में लगती हो लेकिन तुम्हारी चढ़ी हुई नाक मुझे थोड़ी थोड़ी खल रही थी तो मैंने तुम्हे शांत करने की कोशिशें की लेकिन वो सब बाहर आ रहा था तो मैं उसे रोकना भी नही चाहता था, इसलिए मैंने तुम्हारे मन की बातो को निकलने का पूरा रास्ता दिया। थोड़ी देर बाद मैंने तुम्हे समझाने की कोशिश की तो तुमने मुझसे कहा,

༻

"मैं नही जाऊंगी बस अब और आप मुझे इसपर कुछ नही बोलेंगे, आपको जाना है तो जाओ मैं नही जा रही हूं अब"

"अरे....क्या पता कुछ और बदलाव हो जाएं आप रुकिए तो सही"

"आप नही जानते हैं उन्हें, कुछ नही होगा। मैं नही जाऊंगी"

मैं बार बार तुम्हे रोकने की कोशिश कर रहा था क्योंकि मैं जानता था कि ये सफर हमे एक दूसरे के साथ बहुत ज्यादा समय देगा लेकिन अब समय कम हो गया था जिसकी वजह से हम दोनो भी एक दूसरे को पूरा वक्त नही दे पाएंगे ये मैं भी अच्छे से जान गया था पर फिर भी मैं लगातार तुम्हे समझाए जा रहा था।

"हम फिर कभी चले जायेंगे पर इस बार नही" तुमने गुस्से में कहा।

"फिर कभी बहुत टाइम बाद जायेंगे, अभी रुक जाइए आप"

"आपको जाना है तो चले जाओ, मैं नही जाऊंगी"

ये सब सुनकर मैं सिर्फ चुप था क्योंकि मैं तुम्हे सुनता रहना चाहता था, तब तक...जब तक कि मैं तुम्हे हँसा ना सकूं। मेरी कोशिशों से तुम्हारा गुस्सा कुछ शांत हुआ और तुम्हारे चेहरे पर मुस्कान आ गई।

"आप मुझे हंसाइए मत" तुमने हँसते हुए कहा।

"आज आपका गुस्सा देख ही लिया"

"मम्मी कहती हैं, तू तो गुस्से में किसी को खा ही जाए, बहुत खतरनाक है"

"अच्छा" मैने थोड़ा डरते हुए कहा।

"अरे...." तुमने मुझे करीब खींचकर हँसते हुए कहा।

༄

कुछ देर मैने तुम्हारा गुस्सा शांत किया और हम दोनो वहां से चल दिए। आगे जाकर मैंने तुम्हे गले से लगा लिया, तुम्हारा मन बिलकुल खराब हो चुका था तो तुमने ज्यादा दिलचस्पी नहीं दिखाई, लेकिन जब मैने तुम्हे बाहों में भरे रखा तो मैंने तुम्हारा वो नादानी से भरा रूप देखा जो मेरी बाहों में आते ही तुम्हारे चेहरे पर आ जाता था। तुम मेरी बाहों में सिमट गई किसी बच्चे की तरह और मैं तुम्हारे दिल को सहलाता रहा अपनी बाहों में लेकर। पहली बार मैंने तुम्हे गुस्से में देखा था और तुम्हारा गुस्सा देखकर मैंने बस यही सोचा था कि भविष्य में जब भी तुम्हारे गुस्से से मेरा सामना होगा तो मैं बस उसे पिरोता रहूंगा एक माला की तरह, जिससे कि वो निकल भी जाए और फैले भी ना क्योंकि...

"मैं दे दूं अपनी जिंदगी, जो तू करदे इशारा,,

तेरा चेहरा बस खिलता हुआ ही लगता प्यारा" मुझे तुम्हारा गुस्सा भी बहुत प्यारा लगता है लेकिन तुम्हारी मुस्कान उसके आगे बहुत ज्यादा प्यारी लगती है और तुम्हारी नाक चढ़ी हुई से ज्यादा आराम करती हुई अच्छी लगती है, तुम्हारी मुस्कान के साथ। तुम्हे हॉस्टल छोड़कर मैं वहां से चल दिया और मैने खुदको भी समझाया कि अगर नही भी गए तो भी इतना कुछ नही होगा और मैं मान गया लेकिन ना जाने कहां से मेरी आंखो के आगे वो पल आ गया जब तुम यहां से जाती हुई मुझसे मिलोगी। मैं उसी पल में अटक गया क्योंकि इस बार ना मुझे बाहर निकालने के लिए तुम्हारी मुस्कान थी और ना ही तुम, वो पल मेरी आंखो के सामने कुछ इस तरह आया कि भीड़ में भी मैं खुदको अकेला महसूस करने लगा और मेरी आँखें छलक गई। हालांकि ये पल बहुत दिन बाद आएगा लेकिन ये खयाल मेरे अंदर कहीं अटक गया कि तुम्हारे यहां से जाने के बाद मैं क्या करूंगा, इस सवाल का जवाब ढूंढते ढूंढते मैं घर पहुंच गया और इस सवाल को मैंने अधूरा ही छोड़ दिया क्योंकि इसके जवाब से निकलने वाले सवालों का सामना करने की मेरी हिम्मत नही हुई।

3 March

शहर से बाहर जाने की वजह से मैं तुमसे नही मिल पाया। सुबह सुबह जैसे ही मैं घर से निकला तो फिर मेरे सामने वही पल आ गया जिसमे तुम मुझे "बाय" कर रही हो और मैं खुद से एक ही सवाल किए जा रहा हूं कि आखिर अब मेरा क्या होगा?

मैं क्या करूंगा? मैं कैसे करूंगा?

ये सब बातें मुझे बस पागल बना रहीं थी। मैं सफर पर था और अपने सामने हर एक चीज चलती हुई देख रहा था, लेकिन मैं कहीं उस पल में ही अटका हुआ था एक बार फिर। मैं तुम्हारे पास आना चाहता था, जोर से चीखकर तुम्हे बुलाना चाहता था इसलिए क्योंकि मैं उस पल से बाहर आना चाहता था। वो पल मुझे बहुत सताए जा रहा था हालांकि थोड़ी देर बाद मैंने खुदको समझाया और जब मेरी तुमसे बात हुई तो दिल को ऐसे तसल्ली मिली जैसे एक बच्चे को अपनी मां की गोद मिलने पर होती है। मैं उस पल से बाहर आ गया और मेरी मुस्कान फिर से लौट आई। ना जाने क्यों वो वक्त बार बार मेरे घर के दरवाजे को खटखटा रहे थे। मैं बस तुम्हारे गले लग जाना चाहता था और तुम्हे अपने दिल से लगाकर कहीं गायब हो जाना चाहता था जिससे कि तुम फिर से मेरा हाथ थामकर इन पलो से मुझे कहीं दूर लेकर चली जाओ जहां मैं खुद से मिल लूं। मेरे सवाल का जवाब मुझे नही मिल रहा था। इस दल - दल में बस धंसता चला जा रहा था और साथ में धंसती जा रही थी मेरी मुस्कान, धीरे - धीरे।

मैं एक बड़े से रेगिस्तान में खुदको खोता हुआ महसूस कर रहा था क्योंकि अब मेरी मोहब्बत इस कदर बढ़ गई थी कि अब मैं हर पल तुम्हारे साथ बिता देना चाहता हूं क्योंकि अब के बाद शायद मुझे वक्त ही ना मिले इसलिए मैं हर पल तुम्हारे चेहरे को देखते हुए गुजारना चाहता हूं, तुम्हारी आँखों के समंदर में डूबते हुए। मैंने तुमसे आने के लिए पूछा तो तुमने मना कर दिया क्योंकि तुम जानती थी कि मैं सफर से आया था और देर भी हो जाएगी लेकिन मैं ज्यादा बोलने की हालत में

नहीं था क्योंकि ये रेगिस्तान की गर्मी मुझे खाए जा रही थी इसलिए मैं तुम्हारे गालों की ठंडक को महसूस करके खुदको आराम देना चाहता था। तुमने मुझे हंसाने की कोशिश की और मुझे थोड़ी - थोड़ी हँसी आ गई। तुम्हारी ये कोशिशें मुझे पहले से ही आराम देती आई हैं क्योंकि उनमें एक ख्वाहिश होती है मुझे राहत देने की और ये ख्वाहिशें मुझे दुनिया का सबसे खुशकिस्मत इंसान बना देती हैं। तुम्हारी कोशिशें एक ही पल में मेरा दिल जीत लेती हैं क्योंकि जिसे सिर्फ ठोकर मिली हो उसे कोई आँगन में भी बैठाए तो वो भी उसके लिए बहुत होता है लेकिन तुमने तो मुझे अपने बगल में बैठा रखा है तो खुशियां मेरे चेहरे पर झलक जाती हैं और मुझे तुम्हारे गालों की ठंडक और तुम्हारी आँखो की गहराइयां महसूस होने लगती हैं।

रात में तुम्हारी वीडियो कॉल आने पर जब तुमने मुझसे पूछा कि क्या हुआ था तो मैने रोते हुए सब बयान किया और तुमसे जिंदगी भर मेरा साथ देने की गुजारिश भी की। तुमसे मैं कभी कुछ छुपा नहीं पाया हूं, हर बार मेरे दिल की सारी बातें खुद - ब - खुद ही निकलकर तुम्हारे सामने आती रहीं हैं क्योंकि तुम सिर्फ मेरे दिल ही नही बल्कि मेरे ख्यालों के लिए भी भरोसेमंद हो।

तुम्हारे लिए मैने कुछ यूं लिखा था –

⤫

"तुम्हारा प्रेम मेरी नजरें उतार रहा है,,
   अंधेरों से मुझे रोशनी में पुकार रहा है,,
   मैं नही हूं मेरी जां इस लायक,,
   जितना ये मुझे संवार रहा है।
   मेरे दिल को तुम्हारा इंतजार रहा है,
   ये शायर खुशियों से दरकिनार रहा है,
   तुमसे मिलकर खुल गया है वो दरवाजा,
   जिसमे मौजूद हवा का झोंका मुझे निखार रहा है।"

⤫

4 March 6:25AM

ये दिन मेरी जिंदगी के उन खूबसूरत दिनों में से है जिन्हे मैं बार बार जीना चाहता हूं। अचानक से हम सबका हरिद्वार जाने का प्लान बना और हम सब सुबह सुबह ही चल दिए। ये दिन इतना खूबसूरत था कि मैं इसके बारे में कुछ लिख ही नही सकता। हर एक मिनट, हर एक पल इतना खूबसूरत कि शब्दो से बयान करना बहुत ज्यादा मुश्किल है। मेरे शब्द बस उन पलों की खूबसूरती को महसूस करके ही खुश हैं, इतने ज्यादा खुश की बयान ही ना हो। सुबह से लेकर रात तक मैं तुम्हारे साथ रहा, उन पलों में मैने जाना कि असल में प्यार क्या होता है। जैसा मैने कविताओं में लिखा और पढ़ा था तुम बिलकुल वैसी ही हो जिसे एक साथ बयान करना बहुत ज्यादा मुश्किल है इसीलिए मैं तुम्हे धीरे धीरे से अपनी कविताओं में और कहानियों में बयान करता रहता हूं। मैं यहां इस दिन के बारे में लिख तो रहा हूं लेकिन असल में इस दिन के बारे में लिखना नही सिर्फ महसूस करना जरूरी है और ये तुम भी बखूबी जानती हो लेकिन फिर भी में लिख रहा हूं क्योंकि ये कहानी है हमारे हर दिन की दास्तान की, हमारी मुलाकातों की, हमारे एक होने की और हमारे हाथो के मिलन की। इसलिए इसमें वो दिन भी लिखना जरूरी है जब हमने हर पल एक दूसरे का हाथ थामे रखा, गंगा के पवित्र जल को एक साथ महसूस किया और भगवान शिव की पावन नगरी में हाथ थामकर घूमे।

तुम्हारे साथ बिताया हर एक पल मुझे ये एहसास दे रहा था कि मेरे दिल ने कितना हसीन फैसला किया है तुम्हे हमसफर बनाकर। तुम मुझसे हमेशा ही कहती हो कि मैं तुमसे बेहतर deserve करता हूं लेकिन असल में मेरे लिए तुमने इतना सब करते हुए देखकर मुझे महसूस हुआ कि मैं शायद तुमसे बहुत कम हूं और तुम बहुत ज्यादा हो, फिर भी देखो,, हम दोनो ही एक दूसरे से बेशुमार और बेपनाह मोहब्बत करते हैं। तुम्हारा कसके मेरे गले लगना मुझे हर बार यही महसूस कराता रहा कि तुम मेरे कितने करीब हो और तुम किस तरह से मुझे चाहती हो। हवा में एक दूसरे के होंठो को चूमना, इस सारी प्रकृति को हमारे एक होने का

साक्षी बना गया। जब हम दोनो मिल रहे थे तब सूरज की सारी रोशनी हम पर थी, हवाएं हम दोनो को सहला रही थी, ये पत्ते हिल हिलकर हमारे एक हो जाने का जश्न मना रहे थे और सारे शहर के ऊपर एक होते हुए हम जैसे सारी दुनिया को बता रहे थे कि जब हम एक दूसरे के साथ होते हैं और एक हो जाते हैं तो ऐसा लगता है जैसे बादलों के बीच हमारी एक सवारी चल रही है और उस सवारी पर सवार होकर हम दोनो एक दूसरे की बाहों में हल्के हल्के सिमटते जा रहे हैं। कब हम दोनों एक दुसरे की रूह में शामिल होकर खो जाते हैं ये हमें ही पता नही होता।

गंगा में तुम्हारे साथ डुबकी लगाना बस यही एहसास दे रहा था कि ये दिन कभी खत्म ही ना हो। मेरे मन से सिर्फ एक ही आवाज निकल रही थी कि गंगा मां इस रिश्ते को इतनी लंबी उम्र देना कि ये जिंदगी भर चलता रहे और जब भी आना हो तो साथ ही आना हो। तुम्हारे साथ वो ठंडा एहसास एक सुकून देने वाला था, ठीक वैसा ही सुकून जो मुझे तब मिलता है जब तुम मेरे गालों पर अपने ठंडे ठंडे हाथ रख दिया करती हो। दिल से बस यही निकल रहा था कि मैं इस लड़की से बेपनाह मोहब्बत करता हूं और इसके अलावा मुझे और कुछ भी नही चाहिए। हरिद्वार तो मैं काफी बार गया था लेकिन कुछ मंदिरों में सिर्फ पहली बार गया था और उस पहली बार में भी सिर्फ तुम्हारे साथ, ये एहसास बिलकुल नया था और ये मेरी खुशकिस्मती थी कि मैं इस एहसास को तुम्हारे साथ मिलकर महसूस कर रहा था तो ये और भी ज्यादा खूबसूरत हुआ जा रहा था। मंदिरो में जाकर मै हर भगवान से तुम्हारी खुशियों और कामयाबी का वादा लेकर आ रहा था और उनसे इस रिश्ते को जिन्दगी भर बनाए रखने की अरदास कर रहा था। हर भगवान के चरण तुम्हारे साथ मिलकर छूना और उनका आशीर्वाद साथ में लेना मुझे ये बता रहा था कि जैसे ऊपरवाले ने इस रिश्ते को बनाया है हम दोनो के लिए। जैसे ये मोहब्बत शादी में तब्दील हो जाएगी और एक खूबसूरत रिश्ते को जन्म देगी।

मुझसे प्यार करने के तुम्हारे छोटे छोटे तरीके मुझे हर बार यही महसूस करा रहे थे कि सच में मेरी एक जिंदगी छीनकर ऊपरवाले ने मुझे दूसरी दी है और हां, तुम मेरी जिंदगी ही हो। तुम्हारे साथ मैने वो

एहसास जिया है तो उसे मैं झूठ नहीं कह सकता। जब तुमने हम दोनो के परिवार के लिए शिवलिंग ली तो मुझे एक बार फिर तुम में अपनी मां की बहु दिखी। वो बहु....जो घर और काम दोनो की जिम्मेदारियों को अपने कंधो पर संभालकर चल सकती है। वो बहु...जो दुनिया में बेखौफ और मजबूत होकर रह भी सकती है और जो मां के सामने बच्चो की तरह उनकी इज्जत और प्यार भी कर सकती है। तुम्हारा हर तरीका मेरी आंखो में आंसू दे रहा था और मेरे दिल को ये बता रहा था कि देख ऐसा होता है प्यार, जिसमे एक ऐसा एहसास होता है जो सबसे अलग होता है। ऑटो में बैठकर वापस घाट पर आते हुए मैंने तुम्हारे माथे से माथा मिलाकर तुम्हारी रूह से वो सारी बातें कह डाली जो जरूरी थी और मुझे तुम्हारा शुक्राना भी देना था तो मैंने वो भी भरपूर दिया, हालांकि तुम्हारा शुक्रिया अदा करने के लिए मेरी ये पूरी जिन्दगी भी अधूरी है। तुमने मुझे प्यार का मतलब बताया, वो भी तब जब मैं कुछ भी सुनना नही चाहता था। तुमने मुझे तब सफर पर चलाया जब मेरे पैर कहीं गायब हो गए थे और उठना ही नही चाह रहे थे इसलिए मैं कभी तुम्हारा शुक्रिया अदा नही कर सकता बस उसे केवल महसूस कर सकता हूं और अपने शब्दो में बयान करके तुम्हे थोड़ा - थोड़ा दे सकता हूं। इसीलिए मैं तुम्हे थोड़ा थोड़ा प्यार भेजता रहता हूं। घाट पर थोड़ी देर उस ठंडे एहसास को महसूस करके मैं काफी दिनो बाद तुम्हारी गोद में लेटा रहा, वो गर्म सा एहसास मेरे ख्यालों को एक शांति दे रहा था। उस शांत से माहौल में तुम्हारी गोद में लेटा हुआ मैं ऊपरवाले से प्रार्थना कर रहा था कि मैं ज़िन्दगी भर अपनी सारी थकान इस गोद में लेटकर ही मिटाना चाहता हूं। थोड़ी देर बाद खड़े होकर तुमने मुझे अपने गले से लगा लिया और मैंने तुम्हे बाहों में ऐसे भरा कि फिर छोड़ा ही नही क्योंकि मैं तुम्हे कहना चाहता था कि मैं चाहता हूं कि ये दिन यही ठहर जाए, तुम और मैं बस ऐसे ही रुक जाएं मगर ऐसा नही होगा और ये मुझे बहुत खलेगा लेकिन असल में ये जरूरी है, तुम्हारे लिए, मेरे लिए, हमारे लिए....

जिन्दगी भर साथ रहने के लिए।

धीरे धीरे ऊपरवाला मेरी हर ख्वाहिश को पूरा कर रहा था क्योंकि मेरी किस्मत मेरा हाथ थामे हुए मेरा साथ उन सड़को पर चल रही थी

और बार बार मेरे हाथ को थामकर यही बता रही थी कि वो हर राह पर मेरे साथ ठीक ऐसे ही चल सकती है, मुस्कुराते हुए मेरा हाथ थामकर। मेरी तमन्ना थी कि मैं तुम्हे सोता हुआ देख सकूं, जब हम बस में बैठे और तुम मेरे कांधे पर सर रखकर चैन से सो गईं तो मुझे मालूम हुआ कि सच में मैं तुम्हारा सुकून हूं और तुम मेरे साथ सुकून महसूस करती हो इसीलिए तुम मेरे कांधे पर बेफिक्र होकर सो गईं। तुम्हे यूं देखना मेरे लिए बहुत खुशनसीब होने की बात थी क्योंकि जब तमन्नाएं पूरी हो जाती हैं तो वो एक ऐसा सुकून देती है जिसे बयान नही सिर्फ महसूस ही किया जाता है। या तो वो मुस्कान में उमड़ जाता है या फिर आंसुओ के सहारे गालों को गीला करदेता है। मैं तुम्हारे साथ था तो मेरे गाल तो गीले नही हुए लेकिन मुस्कान और आंखो में प्यार इतना उमड़ आया कि वो मुझसे बयान हुआ ही नहीं। तुम्हारा मुझसे प्यार का हर तरीका मुझे अचंभे में डाल देता है कि प्यार नादान होता है ये तो मैने बहुत बार सुना था लेकिन आज पहली बार मैं प्यार को नादान और समझदार दोनो एक साथ देख रहा हूं, वो भी मेरे साथ।

तुमने मेरे आंसुओ को कुछ इस तरह थामा जैसे किसी गिरते हुए को कोई सहारा थाम लेता है वो भी ऐसा जो बहुत ज्यादा मजबूत है। मैंने उतनी ही मजबूती और प्यार से तुम्हे गले से लगाया और तुम्हारी बाहों में ऐसे ढल गया जैसे शाम की बाहों में सूरज ढल जाता है, धीरे - धीरे। तुम्हारे गालों पर हाथ रखकर मैंने वो ठंडक महसूस की जो मैं गंगा के पानी में महसूस कर रहा था। मुझे ऐसा लग रहा था जैसे वो सारी ठंडक तुम्हारे गालों में भर गई है और मैं उसे महसूस करते हैं अपने मन में उतारता जा रहा हूं। वापस आते हुए उस बेकार सी गाड़ी में तुम्हारा साथ ही था जो मुझे आराम दे रहा था और मैं तुम में मिलता ही जा रहा था। तुम मेरे पैरो को आराम दिए जा रही थी और मैं तुम्हारी आंखों में वो प्यार साफ साफ देखते हुए उसमे डूबता जा रहा था। मेरे गाना गाने के बाद तुमने मेरे गले को छूकर मुझे ऐसे आराम दिया जैसे तुम्हे पता चल गया हो कि मुझे आराम की जरूरत है इसलिए तुमने मेरे गले को सहला दिया और मेरे होंठो को चूमकर मेरी रूह को फिर से आराम दिया एक और गाना गाने के लिए। मिमिक्री करने के बाद भी तुमने बिलकुल यही किया

और मैं देखता रह गया कि तुम्हे मुझसे ज्यादा मेरी कला की कितनी परवाह है। पूरे सफर में तुम वादियों को देख रही थी और मैं तुम्हे, जब भी तुम्हारी नज़र मुझपर पड़ती तो तुम शर्मा जाती,

"वादियां देखिए...कितनी खूबसूरत वादियां हैं"

"पर मेरा दिल तो इन घटाओ में उलझा हुआ है"

तुम मुस्कुराने लगी। पर असल में मेरा दिल इन घटाओ में ही उलझा था, इसीलिए मैं बार बार उनको देखकर अपने दिल को आराम दिए जा रहा था। तुम्हारे साथ साथ तुम्हारे दोस्तो का साथ होना इस सफर को और खूबसूरत बना रहा था क्योंकि वो लोग एक ऐसे साथी हैं जो हवा की तरह जेहन में उतरते हैं और एक हिस्सा खूबसूरती और सुकून से भर देते हैं, ठीक तुम्हारी तरह।

5 March 4:30

दीदी आ गई थी तो तुम्हे आने में थोड़ा समय लगा और आते ही तुम एकदम मेरा हाथ थामकर मुझे लेकर चल दी। ग्राउंड तक जाने के बाद हम बैठ गए और फोटो देखने लगे, तुम फोटोज को देख रही थी और मैं तुम्हे, तुम्हारी झुकी हुई नजरो को। जब तुम अपनी नजरें झुकाती हो तो लगता है जैसे शाम हो गई है और तुम्हारे गालों की ठंडक शाम की वही ठंडक होती है जो धूप के बाद आराम भी देती है और ठंड भी। जब तुम अपनी निगाहें ऊपर करके मुझे देखती हो तो लगता है कि बारिश की बूंदों के बीच सूरज की रोशनी आ गई है जो दोनो चीज़ों का एहसास एक साथ करा रही है। तुम्हारी पलको से दिखते तुम्हारे गाल ऐसे महसूस होते हैं कि उनमें सारी कोमलता इन पलको से छनकर ही जा रही है जो उन्हें और भी ज्यादा कोमल और मुलायम बनाए जा रही है, धीरे - धीरे।एहसास ऐसा, कि केवल वो नजरें ही नही झुकी हुई हैं बल्कि उनके साथ झुके हुए है...ये शाम, ये पत्ते, ये धूप की किरण उसके अभिवादन में और वो नजर झुककर इस अभिवादन को स्वीकार कर रही है। कुछ देर बैठकर हम

दोनो चल दिए और अपने अतीत का एक चक्कर लगाकर फिर वर्तमान की गोद में बैठ गए उन पलो को कैद करने के लिए। मैंने तुमसे कहा,

❦

"अब बताता हूं जो कल मैने आपकी रूह से कहा था"

"हांजी, बताइए"

"श्रद्धा, तुम्हारा बहुत बहुत शुक्रिया मेरी ज़िन्दगी में आने के लिए क्योंकि तुमने मेरी ज़िन्दगी को बहुत ज्यादा नूर से भर दिया है। मैंने सिर्फ कविताओं में पढ़ा था प्रेम ऐसा होता है वैसा होता है लेकिन कल तुम्हारे साथ मैने देख लिया कि प्रेम कैसा होता है। मैं तुम्हारे बारे में एक शख्स को बताता हूं कि तुम मेरे लिए कितनी एहम हो क्योंकि अगर दिल में ज्यादा बातें रखो तो वो गलत समय पर भी निकल सकती हैं इसलिए उन्हें बताता रहता हूं कि अब तुम्हारे अलावा मुझे और कुछ नही चाहिए और अगर तुम्हारे बदले मुझे ऊपरवाला मेरी कामयाबी भी देगा न तो मुझे वो भी मंजूर नहीं है।"

"वही तो नही करना है जी, आपने मुझसे वादा किया है वो भी पेपर पर तो मुकर नही सकते"

"मैने देखा कि मैं तुमसे भले ही हर बार कहता हूं "आई लव यू मोर" लेकिन तुम मुझसे बहुत ज्यादा मोहब्बत करती हो और हर बार इस मोहब्बत को देखकर मुझे लगता है कि मैं..."

तुमने थोड़ा गुस्से में बोलते हुए कहा,

"लायक नही हूं?"

"हां"

"आगे बताओ"

"मैं इसलिए उदास था क्योंकि वो पल मेरे भीतर अटक गया था जब इस शहर में तुम शायद आखरी बार मुझे बाय कहोगी, इसीलिए मैं आगे नहीं बढ़ पा रहा था लेकिन तुमने मुझे उस पल से बाहर निकाला और फिर मुझे एहसास हुआ कि वो पल जरूरी है, तुम्हारे लिए, इस रिश्ते के लिए।"

तुमने ये सब सुनकर, कसकर मेरा हाथ थाम लिया।

"मैने एक चीज और बोली थी"

"क्या?"

"श्रद्धा, मैं इस शाम, मंदिर की घंटियां, गंगा की लहरे और महादेव के जयकारों की कसम खाता हूं कि चाहे कुछ भी हो जाए मैं मर जाऊंगा लेकिन कभी तुम्हारा साथ नही छोड़ूंगा। मैने गंगा को देखते हुए भी कहा था कि माँ मैं इसका साथ नही छोड़ूंगा।"

"जब आपने कहा ही है तो नही छोड़ेगे नहीं"

"बिलकुल नहीं"

उन पलो को फोटोज में कैद करके एक दूसरे की बाहों में खोए हुए हम थोड़ी देर में घर चल दिए।

৩৩

6 March 4:30

मैने तुम्हे अपनी तरफ आते हुए देखा और मुझे लगा जैसे तुम फिर से किसी रोशनी की तरह मेरी जिंदगी में फैले अंधेरे को मिटा रही हो और मैं तुम्हारी तरफ आकर उस रोशनी को अपना रहा हूं। साथ में थोड़ी देर चलकर हम दोनो बैठ गए और मैने तुम्हारी तरफ देखकर तुम्हे कहा,

"बहुत सुंदर लग रहे हो"

तुम मुस्कुराने लगी।

सच में तुम बहुत खूबसूरत लग रही थी, तुम्हारे होंठो की लिपस्टिक तुम्हारे चेहरे की लाली बनकर मेरी आंखों को नूर से भरे जा रही थी। मैं हल्के से तुम्हारे करीब आया और तुम्हारे होंठो को चूमकर उस लाली को महसूस करने लगा। तुम्हे ये जानने में बहुत देर लगी तो कुछ देर अचंभे में रहने के बाद तुमने मेरी तरफ देखा और शरमाने लगी। मैने तुम्हे ड्राफ्ट पढ़ने के लिए दिया और तुमसे कहा,

"पढ़ लीजिए, बस नींद ना आए आपको"

"नही आयेगी"

तुम वो ड्राफ्ट पढ़ रही थी और मैं कभी तुम्हारे गालों को छूकर ठंडक महसूस कर रहा था तो कभी तुम्हारे होंठो की लाली से अपने हाथो को नूर दे रहा था। तुम्हारी झपकती हुई पलकें उन बादलों की तरह हैं जो धूप में बार बार आकर छांव देती हुई एक ठंडा सा एहसास देती है और मुझे उन आंखो की समंदर की लहरों के उतार चढ़ाव भी महसूस कराती हैं। जब मैं तुम्हे कुछ पढ़वाता हूं तो तुम उसे पढ़ती रहती हो और मैं तुम्हारे चेहरे पर देखकर उन पलो को दोबारा जीता हूं। हर बार। तुम्हे वो सब पढ़वाने के बाद हम दोनो रोज की तरह एक दूसरे के अतीत में हाथ थामकर चलने लगे और अपने अतीत को अपने वर्तमान की खुशी का धीमा सा एहसास देने लगे। हम उन पलो को फ्रीज करके फोन में कैद करके मैं तुम्हे कुछ शायरियां सुनाने लगा और तुम शरमाने लगी। उनमें से एक शायरी ये थी –

◠◡

"जो भर रही है मुझे बेशुमार नूर से,
मैं ऐसी ही एक हसीं से मिलता हूं।
कुछ इसलिए भी वक्त पर घर नही जाता,
मैं हर शाम अपनी जिंदगी से मिलता हूं।
बताता हूं कि मुझे खुदा का नज़राना मिला है,
जब भी मैं किसी अजनबी से मिलता हूं।
उसका हाथ थामकर जो चलता हूं,
हमारे इश्क की जमीं से मिलता हूं।
उसके साथ मुस्कुराता ही रहता हूं,
बिना उसके मैं आंखे की नमी से मिलता हूं।
ऐसा भी नहीं है कि मैं सिर्फ उससे मिलता हूं,
असल में उससे मिलकर मैं खुद ही से मिलता हूं।"

◠◡

ये सुनकर तुमने अपने चेहरे पर हाथ रख लिया और शरमाने लगी, मैं तुम्हे देखता ही रहा कि तभी तुमने मुझसे कहा,

"आप भी मेरी जिन्दगी हो"

ये सुनते ही वक्त मेरे लिए इस तरह ठहरा जैसे मैं बस उस एक पल में सारी जिंदगी गुज़ार देना चाहता हूं जिस पल तुमने मुझे अपनी जिंदगी कहा, एक यही शब्द है जो मैं जिंदगी में एक बार पा सकता हूं और आज मैंने वो शब्द पा लिया। मैंने तुम्हे फिर से शायरी सुनाई और तुम फिर से शरमाने लगी मैं तीसरी शायरी सुनाने ही वाला था कि तुमने मुझसे कहा,

"बस और मत सुनाइए, मैं शरमा शरमाके मर जाऊंगी"

"नही बिलकुल नहीं"

"मतलब random भी इतनी अच्छी, मैं सच में बहुत लकी हूं"

"मैं भी"

मेरे शब्द खूबसूरत होने की तुम सबसे बड़ी वजह हो, क्योंकि जब मैं लिखता हूं तो मेरे जेहन में तुम्हारी तस्वीर आ जाती है और तुम्हारी खुबसूरती को देखकर मेरे शब्द अपने आप खूबसूरत हो जाते हैं क्योंकि मैं तारीफ ही तुम्हारी खुबसूरती की करता हूं। थोड़ी देर तुम्हारी शर्माती हुई मुस्कान को दिल में उतारकर मैं तुम्हे छोड़ने चल दिया और मुझे गले लगाकर तुम हॉस्टल की तरफ चल दी। मैं मुस्कुराता हुआ घर चला गया।

෧෧

7 March 8:00

तुमने मुझसे कहा, "आज का ड्राफ्ट मैं लिखूंगी"।
"ठीक है।"
और तुमने ये लिखा था।

7th March 2022

रोज़ की तरह ही आज हम फिर से मिल रहे थे पर आज तुम मुझे कुछ देने वाले थे जिसका ऐलान तुमने पिछले दिन ही कर दिया था, "आप

और ज़्यादा शरमाने के लिए तैयार हो जाइये क्योंकि हम आपको कुछ देने वाले हैं और आप हमे कोई सवाल नही करेंगी और जो देंगे वो शांती से रख लेंगी" ऐसा कह कर,

"ठीक है", मैंने कहा।

जब आज हम मिले तो हमेशा की तरह अपनी-अपनी दिन भी की बातें एक दूसरे को बताने लगे और चलते चलते अपनी उसी सीट पर जा कर बैठ गए। तुमने धीरे से अपनी जेब से एक का खत निकाला और मुझे दिया, मैंने बड़े ही उत्साह से वो खत तुमसे ले लिया और खोलने लगी उस खत को खोलते ही जैसे मेरे बोल मेरे गले में ही रह गए थ क्योंकि उस खत में था "माँ सरस्वती जी का लॉकेट" जो कि तुमने अपने गले में पहन रखा था और साथ ही तुमने कहा कि

"ये मम्मी ने मुझे दिया था और कहा था की तू लिखता है न माँ तुझे कामयाबी देंगी"

ये सुन कर मेरा मन भर आया था और जी चाहता था की तुम्हें कसके गले से लगा कर बैठी रहूँ, तुम्हारे बहुत कोशिश करने पर भी मैं हँस नही रही थी क्योंकि मुझे ऐसा लग रहा था कि मुझे ज़िंदगी से और क्या ही चाहिए तुम्हारा मुझ पर इतना यकीं करना बता रहा था कि मुझसे खुशनसीब अब इस दुनिया में और कोई नहीं, तुमने अपनी माँ की निशानी मुझे दे दी थी और बस मेरा दिल चीख चीख कर रोना चाहता था और ऊपर वाले से दुआ कर रहा था तुम्हारी सलामती और कामयाबी के लिए। मेरे बहुत समझाने पर भी तुमने माँ के लॉकेट को वापस नहीं पहना "माँ सरस्वती आपको कामयाबी दे और आपकी लिखने की कला में वृद्धि दे", ये कहते हुए मेरी मुठ्ठी बंद कर दी। मैंने आसमान को देखा और रब से शुक्रिया किया तुम्हें मुझसे मिलाने का। तुमने मुझे सिर्फ माँ की निशानी ही नहीं एक ज़िम्मेदारी दे दी है जिसको पूरा करना अब मेरा कर्तव्य बन चुका है। मेरे माँ-बापू के बाद अब दूसरे तुम और तुम्हारा विश्वास मेरी ताकत बन चुका है जिसके सहारे मैं अब कामयाबी की सीढ़ियों की ओर बढ़ती और उन्हें चढ़ती रहूँगी। मैं बस चुप थी और तुम मुझसे मेरे चुप रहने का कारण पूछ रहे थे और कारण ये था कि मैं बस अपने नसीब पर यकींन नहीं कर पा रही थी कि उम्मीदों से कहीं बेहतर

मुझे मेरा साथी मिल गया है और उस दुआओं से भरे लम्हे को भूल नहीं पा रही थी जो तुमने मुझे दिया था।वापस आते वक़्त मैंने तुम्हारे हाथ पर शुक्रिया का पैग़ाम दिया और तुमने मेरे हाथ पर। हॉस्टल आकर मैं बस यही सोच रही थी कि कैसे क्या करूँ जो माता रानी मेरे साथ रहें, सोचते सोचते मेरे सीधे हाथ में बंधा काला धागा मुझे दिखा और मैंने उसे खोल कर माँ हँस वाहिनी को अपने सीधे हाथ में विराजमान कर लिया, अब उनका आशीर्वाद और तुम्हारा प्यार हरदम मेरे साथ रहेगा और जब जब मेरी नज़र उन पर पड़ेगी तो मुझे मेरे लक्ष्य की ओर बढ़ने की प्रेरणा मिलेगी, मैं फिर से अपने तन-मन तुम्हारा शुक्रिया अदा कर रही हूँ इसलिए नहीं की तुमने मुझे कुछ दिया है आज बल्कि तुम्हारा मुझ पर जो अटूट विश्वास है उसके लिए।

❧

इस दिन का ड्राफ्ट तुमने लिखा था मैंने सिर्फ उसके जवाब में अपनी तरफ से एक ड्राफ्ट लिखा था जो कुछ यूं था -

सुबह घर से निकलते हुए मैं अपने गले में पड़ा हुआ सरस्वती मां का लॉकेट तुम्हारे लिए घर से लेकर चला, उसे थोड़ा साफ करके मैं सरस्वती मां की तस्वीर के सामने खड़ा हुआ और मैंने आंखें बंद करके मां से कहा, "हे मां..मैं आपको उनके पास भेज रहा हूं। मैं चाहता हूं कि वो खूब कामयाब बने और उसे वो बुलंदियां मिले जिसकी उसने सोची भी ना हो। आपने मुझे बहुत कामयाबी दी है मैं चाहता हूं कि उसे भी विद्या, लिखाई और बुद्धि का दान देकर उसकी रक्षा करना मां।" ये कहकर मैं मां को एक खत में विराजमान करके घर से निकल गया। मैं बस सरस्वती मां को तुम्हारे हवाले कर देना चाहता था। तुम्हारा कैम्प होने की वजह से हम दोनो शाम को मिले और एक दूसरे को दिन भर की बीती हुई बातें बताने लगे। उन बातो में शाम धीरे धीरे ढलती जा रही थी और हर शाम की तरह हम दोनो और भी ज्यादा करीब आ रहे थे। मैंने एक रात पहले ही तुम्हे कह दिया था, "कल बहुत सारा शरमाने के लिए तैयार हो जाना, हम आपको कुछ देने वाले हैं तो चुप चाप रख लीजिएगा"

तुमने सोचा ही नहीं था कि मैं ये ले आऊंगा। चलने के बाद हम दोनो बैठ गए और मैने तुम्हारे हाथ में वो खत दे दिया, तुमने वो खत खोला और उसमे मां का लॉकेट देखते ही तुम्हारे चेहरे से रौनक कहीं छुप गई और तुम्हारे चेहरे पर अचंभा आ गया। तुम मुझे और उस लॉकेट को बार बार देख रही थी।

৩৩

"ये तो आपको मम्मी ने दिया था ना"

"हां"

"मैं ये नही रख सकती, आपको मम्मी ने दिया था जान ये आपका है मैं कैसे रख सकती हूं"

"मम्मी ने हमे हमारी कामयाबी के लिए दिया था, हम आपकी कामयाबी के लिए से रहे हैं क्योंकि हम आपको बहुत कामयाब देखना चाहते हैं।"

"पर ये आपका है, देखिए सुनिए...इसे आप ही रखिए"

"मैं जानता हूं कि ये मुझे मम्मी ने दिया था पर ये समझिए कि हमने एक गुड़िया की निशानी दूसरी गुड़िया को दे दी।"

"पर मैं....कैसे"

"आप रखिए...हम मां को कहकर लाए थे कि उन्हें आपको सौंप देंगे तो रखिए बस अब"

৩৩

इसके बाद तुम चुप हो गई और मुझे देखने लगी। मैने बहुत कोशिश भी की कि तुम्हारे चेहरे पर मुस्कान आ जाए पर मेरी तरह तुम भी उस पल में ठहर चुकी थी और खुदको यकीन दिला रही थी कि ये पल सच में तुम्हारी जिंदगी में कैद हो गया है। मैं इस पल में तुम्हारे साथ था तो मैं तुम्हे वहां ठहरा हुआ देख रहा था और मैं बस तुम्हे उस ठहराव में हंसाने की कोशिश कर रहा था, वहां से निकालने की नही। तुम्हारे चेहरे के भाव बिल्कुल ही रुके हुए थे उस पल में और आंखो में इतना प्यार भरा हुआ था जो कसके मुझे गला लगा लेने की तड़प को साफ साफ दिखा रहा था।

मैं खुद तुम्हारे गले लग जाना चाहता था और उन आंसुओ को बहने देना चाहता था जो समझदारी के परदे के पीछे छुप गए थे और बाहर निकलने का उनका बिल्कुल भी मन नहीं था। मैंने तुम्हारा चेहरा पढ़ना शुरू कर दिया था और मुझे तुम्हारे चेहरे पर वो प्यार साफ साफ दिख रहा था जो होंठो से तो बिल्कुल शांत था लेकिन आंखो से चीख - चीख कर ये कह रहा था कि "मैं तुमसे बेशुमार प्यार करती हूं, इतना ज्यादा प्यार की अपनी पूरी जिंदगी तुम्हारे साथ गुज़ार देना चाहती हूं। इतना प्यार कि जो राज़ मैंने सिर्फ खुदसे कहे हैं अब मैंने तुम्हे भी उनका हिस्सा बना दिया है और तुम्हारा ये अटूट विश्वास मुझे दिखा रहा है कि तुम भी मुझसे इतना ही प्यार करते हो इसीलिए तुम्हारी ही तरह आज मेरे पास इस एहसास को बयान करने के लिए कोई शब्द नही है मैं बस कसके तुम्हे थोड़ी देर गले लगाकर रखना चाहती हूं, तुम्हारे होंठो को चूमकर तुम्हारी रूह को उस खुशी का एहसास कराना चाहती हूं जो मेरे मन को महसूस हो रही है। मैं बस इस ठहराव में खुदको रोके हुई हूं क्योंकि तुमने मुझसे इतना प्रेम किया है जितना मैंने पढ़ा था।

आज ये प्रेम मेरे पढ़े लिखे प्रेम से भी आगे बढ़ गया है और मैं उससे आगे एक दुनिया में तुम्हारा हाथ थामे पहुंच गई हूं इसलिए आज मेरे पास शब्द नही केवल प्यार का एहसास है तुम्हे वापसी में सुनाने के लिए, अपने हाल बताने के लिए। इस प्रेम को मैं धीरे - धीरे तुम्हारे नाम करती रहूंगी क्योंकि अब वैसे भी ये जिंदगी तुम्हारी हो गई है, सिर्फ तुम्हारी।" मैंने तुम्हारे चेहरे पर ये सब पढ़ा तो वक्त कहीं फिर से रुक गया और खुशनसीबी से भर गया। तुम्हे वो निशानी देने के पीछे एक मकसद ये भी था कि मैं तुम्हे सरस्वती मां का आशीर्वाद और अपनी मां का प्यार, दोनो एक साथ देना चाहता था।

8 March 4:30

प्रतियोगिता खत्म होने पर मैं तुमसे मिला तो मेरा काम बचा हुआ था इसलिए तुम्हे छोड़कर मैं वापस चल दिया लेकिन उससे पहले मुझसे मिलते ही तुमने मुझसे कहा,

"Congratulations"

"Thank You"

थोड़ी देर तुम्हारे साथ रहकर मैं चल दिया वापस अपने काम निपटाने। थोड़ी देर में फ्री होकर मैंने तुम्हे कॉल करके बुलाया और तुम हॉस्टल से निकल गईं। सड़क पर खड़ा होकर मैं तुम्हे आते हुए देख रहा था। तुम्हे मेरी तरफ आते हुए देखना मुझे पहले से ही बहुत खूबसूरत लगता है, मैं तुम्हे बार बार अपनी तरफ आते हुए देख सकता हूं क्योंकि तुम्हारा हर कदम मेरी जिंदगी से अंधेरे को मिटाता जाता है, धीरे - धीरे। तुम्हे देखते ही सबसे पहला खयाल मेरे दिल में यही आया कि मैं बस तुम्हे कसके गले लगाना चाहता हूं क्यूंकि तुम इतनी खूबसूरत लग रही थी कि बस तारीफ करने की जगह मैं तुम्हारे गले लगकर तुम्हे बताना चाहता था कि आज तुम बला की खूबसूरत लग रही हो कहीं तुम्हे किसी की नज़र ना लग जाए।

मैं तुमसे मिला और हम दोनो ग्राउंड की उसी सीट पर बैठ गए जहां हम रोज बैठा करते हैं तो मैंने देखा कि तुम आइस क्रीम लेकर आईं थी तो तुमने मुझसे कहा,

⚬⚬

"जल्दी खोलिए, मेल्ट हो जायेगी....अरे धूप में क्यों रखी है"

तुमने मेरी तरफ ऐसी नज़र से देखा कि मेरे अंदर का बच्चा डर गया, जैसे वो सहम गया हो तुम्हारे इस तरह देखने से कि तुम उसे बता रही हो...गलती होने पर मैं डाटूंगी भी।

हम दोनो आइसक्रीम खाने लगे और तुमने मुझसे कहा,

"अगर जानना चाहते हैं कि occasion क्या है, तो आपको consolation prize मिला है उसकी खुशी में है। मुंह मीठा करना जरूरी है"

"इतने में आइसक्रीम ले आए, अगर फर्स्ट आता फिर तो पता नही क्या ही करते आप"

तुम मुस्कुराने लगी। मेरे लिए ऐसा पहली बार हुआ था कि मेरी जीत पर कोई इतना खुश था, मेरे घरवालों के अलावा। मैंने वक्त को थोड़ी देर

रोका और ऊपरवाले को हमारा रिश्ता बनाने के लिए शुक्रिया कहा फिर हम दोनो आइसक्रीम खाने लगे। मैने तुमसे कल वाले ड्राफ्ट की बात की और तुमने मुझसे कहा कि लिख लीजिएगा फिर हम पढ़ लेंगे।

मैने तुमसे कहा, "कल मैं मम्मी से बात कर रहा था और मेरी आंखो में आंसू आ गए। मैं उनसे कह रहा था कि मम्मी मैं उनसे बहुत प्यार करता हूं"

"और मम्मी ने कहा होगा कि जल्दी हो रहा है"

"नही, उन्होंने कहा कि पहले कुछ बनजा फिर शादी करा देंगे। उन्होंने कहा कि वैसे तो मेरी बहु तुझे बिना बने भी रख लेगी लेकिन फिर भी बनना जरूरी है"

तुमने मेरी आंखो में बड़े प्यार से देखा जैसे तुम मुझसे कह रहीं हो कि "हां मम्मी सही कह रही हैं अगर मैं इतनी कामयाब हो गई तो भी मुझे कोई दिक्कत नही होगी"

मैने तुमसे आगे कहा, "मैने जब उन्हें कि बहु कामयाब तो हो जायेगी तो उन्होंने कहा कि तेरी सोच से भी ज्यादा होगी"

तुमने फिर से मेरी तरफ देखा और मेरी आंखो में देखा और सारा प्यार अपनी आंखो में भर लिया जैसे इस बार तुम मुझे कह रही हो कि "मैं इतनी मेहनत करूंगी कि उतनी कामयाब बन जाऊं जो आपको खुशी हो....मैं पूरी मेहनत करूंगी"

૭૭

थोड़ी देर वहां बैठकर हम दोनो चल दिए और अपनी दिन भर की बातें एक दुसरे को बताने लगा। हम दोनो का एक दूसरे को सब कुछ बताना ये तय करता है कि हमारा ये रिश्ता कितना ज्यादा गहरा है और हम दोनो इस रिश्ते की गहराई में एक साथ किस कदर खो चुके हैं कि अब हम दोनो के दरमियाँ कोई दीवार या परत बची ही नही है। फिर से बैठने के बाद हम उन पलो को फ्रीज करने लगे और मैं तुम्हे गुदगुदी उठाने लगा और तुमने शरमाना शुरू कर दिया। मेरा हाथ तुम्हारे शरीर के नूर और उसकी कोमलता को महसूस करने की इजाज़त मांग रहा था और तुमने मेरे होंठो पर अपने होंठो से हां लिख दिया था। मेरे लिए वक्त एक

बार फिर से ठहर गया था क्योंकि मैं खुदको यकीन दिला रहा था कि इस नाचीज़ के नाम तुमने अपना सब कुछ कर दिया है और तुम कैसे उस बात पर बहुत ज्यादा खुशनसीब खुदको महसूस करती हो और खुदको कहीं किसी और दुनिया में पाता हूं जो मैंने अपनी कविताओं में बनाई है। उस दुनिया में सिर्फ प्रेम होता है और उस प्रेम का एहसास मैं तुम्हारा हाथ थामकर तुम्हारे साथ करता हूं। मैंने कसकर तुम्हारा हाथ थाम रखा था और मैं "अभी न जाओ छोड़कर" गा रहा था। सारा प्रेम मेरी आंखो से बाहर आने के लिए तैयार था कि तुमने मेरे गालों पर हाथ रखकर उसे रोक दिया और वो होंठो पर हँसी बनकर आ गया। मैं उस वक्त तुमसे कहना चाहता था कि मैं तुमसे अलग होने की सोच भी नही सकता, ये जिंदगी तुम्हारे साथ बहुत आसान है। वैसे ये बहुत मुश्किल हो जाएगी, उतनी ही मुश्किल जितना मुश्किल अंगारों पर चलना हो जाता है।

❦

मैंने तुमसे कहा, "मैंने थोड़ा ज्यादा कर दिया?"

"उम्म..... हां" तुमने शरमाते हुए कहा।

"चलिए फिर इस बार हम सॉरी नही बोलेंगे"

मेरे 2-3 बार यही कहने पर तुमने मुझसे कहा, "हां क्यों नही कहेंगे...क्यों?"

"क्योंकि हमारी जान हमें समझती हैं वो समझती हैं कि भले ही उन्होंने हमें अपना सब कुछ दे दिया हो लेकिन फिर भी हम अपनी हदें जानते हैं"

"इसकी जरूरत नही थी वैसे, मैं समझती हूं सब और माफी की कोई जरूरत नही है"

मैंने तुम्हारे दोनो गालों पर हाथ रखते हुए कहा, "जानता हूं कि आपने मुझे अपना सब कुछ दे दिया है पर ये मेरा फर्ज है कि मैं अपनी limits का ध्यान रखूं....खासकर पब्लिक प्लेस पर"

"ओहो" तुमने मुस्कुराते हुए मेरी तरफ देखते हुए कहा।

वहां से चलकर मैंने तुम्हे अपनी खुशनसीबी महसूस कराई और हम दोनो घर की तरफ चल दिए।

෨

9 March

रातभर तुम्हारी तबियत खराब रही और हम दोनो एक दूसरे से बात करते रहे। लगभग 3 बजे के आस पास तुम्हे नींद आ गई और मैं तुम्हे गाने सुनाते सुनाते ये देखने लगा कि कहीं तुम्हारी नींद तो नही खुल गई, जब मुझे एहसास हुआ कि तुम्हारी नींद गहरी हो गई है तो मैने कॉल कट करके तुम्हे गुड नाईट का मैसेज किया और सो गया। जब मैं सुबह उठा तो एक खुशनसीबी के साथ उठा कि मेरी मोहब्बत दर्द में मुझे याद करती है और मेरा उससे बात करना उसे सुकून देता है। मुझे लगा कि अब इससे ज्यादा मुझे और चाहिए ही क्या है। तुम्हारी तबियत बिगड़ी होने की वजह से तुम कैम्प नही जा सकी और मेहमानों के आने की वजह से मैं भी घर था। हमने घंटो वीडियो कॉल की और उस वीडियो कॉल में तुम्हे हँसाना, तुम्हे आराम देना मुझे तुम्हारे पास होने का एहसास करा रहा था इसलिए मैं बार बार तुम्हारे दर्द को आराम देने की हर कोशिश में लगा हुआ था। मेहमानों के आने पर तुम सोने चली गई और जब वो गए तो मुझे लगा कि मुझे तुमसे आज मिलना बहुत ज्यादा जरूरी है क्योंकि चैट्स और कॉल्स पर हम दोनो एक दूसरे को कहे जा रहे थे कि काश! हम साथ रहते। मैने ज्यादा सोचने में वक्त गवाए बिना कपड़े बदले और तुम्हारे पास आ गया। हम ज्यादा देर तक मिल तो नही पाए लेकिन उन 20 मिनट्स ने मुझे घंटो वाली मुलाकात का आराम दे दिया और तुम्हे हॉस्टल छोड़कर मैं घर आ गया। घर आने पर हमने फिर से घंटो कॉल की और रात कब गहरी हो गई ये हम दोनो को ही पता नही चला।

෨

रात के और गहरा हो जाने पर तुमने मुझसे कहा,
  "मैने आपको आज काम नही करने दिया ना"
  "नही ऐसा नही है, आज काम था ही नही"

"पक्का ना"

"हांजी, पर मुझे ये महसूस हुआ कि मुझसे बात करना आपको आराम देता है, मेरी आवाज़ सुनना, वो भी दर्द में"

"जब मैं घर होती हूं तो मुझे पास मम्मी चाहिए होती है जब मेरी तबीयत खराब हो जाती है अब मेरे मां बाप तो यहां मेरे पास नही हैं वो घर हैं तो यहाँ आप मेरा आराम हैं"

෮෬

ये सुनते ही मैं कुछ देर के लिए चुप हो गया। मैं तुम्हे गले लगा लेना चाहता था, तुम्हारा माथा चूम लेना चाहता था लेकिन बस शांत रहकर उस एहसास को महसूस करने लगा। तुमने मुझे अपनी जिंदगी में इतनी जगह कब दे दी मुझे पता ही नही चला, मैं बस बैठने भर के लिए जगह चाहता था लेकिन तुमने कब वो सारा महल मेरे नाम कर दिया, ना मुझे पता चला ना तुमने कभी जताया। मेरे लिए ये शब्द सुनना फिर से उसी दुनिया में चले जाने जैसा था जहां सिर्फ हम दोनो होते हैं एक दूसरे का हाथ थामे हुए। जहां मेरे गालों को एक ठंडी हवा छूकर जाती है और मेरी आंखो को एक सुकून का एहसास होता है। तुम्हारी तबियत खराब होने की वजह से तुम थकी हुई थी तो वीडियो कॉल करते करते तुम कब सो गई तुम्हे पता ही नही चला और मैं बार बार तुम्हे देखकर तुम्हारे माथे को चूमने का एहसास तुम्हे कराता रहा। ऐसा लगा जैसे तुम मेरी हो बाहों में सो रही हो। मेरी छाती पर सर रखकर तुम्हे कब नींद आ गई कुछ पता नही चला और उस आरामदायक एहसास को जीते जीते कब मेरी आँखें बंद हो गई मुझे इसका भी कोई एहसास नही हुआ।

10 March 5:00

मैने तुम्हे मिलने के लिए बुलाया और तुम आ गई। रास्ते में तुम्हारा इंतजार करने के बजाय मैं तुम्हे आते हुए ही मिल गया।

"जब मैं आती हूं तो आप क्यों आते हैं आधे रास्ते तक"

"क्योंकि मुझे अच्छा लगता है"

हम दोनो ग्राउंड की तरफ चल दिए और तुमने कहा कि आज सीट पर नही नीचे ही घास पर बैठेंगे। हम दोनो बैठ गए और दिन भर की सारी बातें मोतियों की तरह एक दूसरे के सामने रखने लगे और दोनो ही उन्हे एक माला में पिरोकर रखने लगे। मैने तुम्हे बताया कि आजकल मेरा गाने बनाने का मन नहीं करता और तुमने मुझे ऐसे गुस्से से देखा कि मैने तुम्हे नए वाला वाला सुना ही दिया। तुमने पहले से ही मेरी हिम्मत बनाने का काम किया है। तुमने हर पल मेरी हिम्मत बढ़ाई है, चाहे मैं हारा हुआ महसूस कर रहा हूं या फिर बिखरा हुआ...तुमने मुझे सजाकर अपनी गोद में रखा है इसलिए तुम्हारे पास आकर मैं अक्सर बिखर जाता हूं और तुम मुझे सजाकर अपनी गोद में आराम देने लगती हो। मैं तुम्हे छूना चाहता था, तुम्हारी बाहों में सोना चाहता था थोड़ी देर लेकिन हम ग्राउंड के ऐसे हिस्से में बैठे थे कि अगर हम एक दूसरे का हाथ भी पकड़कर बैठते तो वो भी सबको दिख जाता इसलिए हमने अपनी चाहतों को अपनी आंखों में लाकर एक दूसरे को बताया और आंखो ने उस अर्जी को मंजूर कर लिया। थोड़ी देर वहां बैठने के बाद हम दोनो चलने लगे और तुमने मेरा हाथ कसकर अपने हाथ में पकड़ लिया जैसे तुम बताना चाहती हो कि तुम मुझसे इतनी शिद्दत से मोहब्बत करती हो कि मुझसे एक पल की दूरी भी तुझे बर्दाश्त नही है। मैने जब वो महसूस किया तो मुझे लगा जैसे तुमने मेरा मन पढ़ लिया हो और जो मैं करने की उलझन में फंसा हुआ हूं तुमने उसका जवाब ढूंढ लिया हो। थोड़ी दूर चलकर मैने फिर से शैतानी शुरू की और तुमने मुझे मारते हुए कहा, "हर जगह शैतानी करनी है" उस नादानी को अपनी आंखो में भरकर मैं तुम्हे छोड़ने चल दिया। हम दोनो रोज की तरह गले नही मिले तो मुझे कुछ अधूरा सा लगने लगा कुछ सेकंड सोचने के बाद मैं भागकर तुम्हारे पास आया और तुम्हे गले लगा लिया। तुम डर गईं और तुमने मुझे थोड़ा सा प्यार से डाटकर वापस जाने के लिए कहा और मैं उस एहसास को अपनी मुस्कान में उतारकर घर की तरफ चल दिया।

11 March 5:00

मैंने तुम्हे कॉल किया और मिलने के लिए बुलाया और तुम नींद से उठ गई ये महसूस करके मुझे लगा कि मुझे तुमसे कह देना चाहिए कि सो जाओ मैं घर जा रहा हूं। लेकिन तुमसे मिलने की तड़प ने मुझे ये करने से रोक लिया और मैंने तुमसे नही कहा। कुछ देर इंतजार करने के बाद मैं फिर से तुम्हारी तरफ चल दिया और तुम्हे आता देख मेरे चेहरे पर मुस्कान आ गई। तुमसे मिलकर मैंने तुमसे हाथ मिलाया और हम दोनो ग्राउंड की तरफ चल दिए। वहाँ जाने के बाद हम दोनों बैठ गए और तुमने मुझे वो खत दिया जो तुम मेरे लिए लिखकर लायी थी। मैंने वो खत निकालकर पढ़ा तो उसकी दो पंक्तियाँ मेरे अंदर अटक कर रह गयीं और मैं बार बार उन्हें दोहराने लगा। मैंने तुम्हारी तरफ देखा तो तुम मुस्कुराने लगी और तुमने नज़रें झुकाते हुए कहा "सच है".....तुमने हर बार की तरह मुझे नि:शब्द कर दिया था मेरी तरह मेरे शब्द भी तुम्हारी कविता को देखकर मुस्कुरा दिए क्योंकि उन शब्दों में खूबसूरती इतनी ज्यादा थी कि मुझे खुदको पन्नो पर उतरते हुए देखना बहुत ज्यादा लाजवाब लग रहा था।

तुमने मुझसे कहा, "नही नही ऐसे चुप रहकर काम नही चलेगा"
"बहुत बढ़िया लिखी है"

मैंने तुम्हारी तरफ देखा और तुम्हारे हाथो में खुदको महसूस किया, उस पल को...जब तुम मुझे पन्नो पर उतार रहीं होंगी। रोज के मुकाबले तुम्हारे होंठो पर आज नूर बहुत ज्यादा था और मैं उस नूर को अपने होंठो से महसूस करना चाहता था जब मैंने तुम्हे ये बताया तो तुम शरमाने लगी क्योंकि हम दोनो ही ग्राउंड में थे तो ये नामुमकिन सा था लेकिन मेरी नज़र तुम्हारे होंठो से हटने को तैयार नही थी। तुमने मेरे हाथ पर अपना और मेरा नाम एक साथ लिख दिया और मुझे लगा जैसे ऊपरवाले ने जोड़ियों में हम दोनो का नाम एक साथ लिख दिया हो। तुम्हारा नाम मुझसे पहले और मेरा तुम्हारे बाद। तुमने वो नाम लिखा और उसे देखकर हम दोनो मुस्कुराने लगे क्योंकि वो नाम लिखना हम दोनों के लिए ही खूबसूरत एहसास था।

೧ರ

तुमने मुझसे कहा कि तुम मेरी waxing करना चाहती हो और मैंने बात पलटकर तुमसे कहा, "जब साथ रहेंगे तब कर लेंगे"

"हम कब साथ रहेंगे" तुमने थोड़ा नाराज होकर कहा।

"कुछ सालो बाद"

"अब शुरू होगी असली जिंदगी, पहले ये था कि सिर्फ पढ़ना है लेकिन अब नौकरी की दिक्कत"

"इसका समाधान भी निकल जायेगा"

तुम मुस्कराने लगी।

❧

थोड़ी देर तुम्हे अपने अतीत में घुमाने के बाद मैं तुम्हारा हाथ थामकर तुम्हे अपने साथ सफर पर लेकर चल दिया और हम दोनो ग्राउंड में घूमने लगे। मैंने शैतानियां की तो तुमने मुझे मारते हुए कहा, "शैतानी खत्म नही हो रही हैं आपकी" मैं मुस्कुरा दिया। थोड़ी देर चलने के बाद तुम्हारे गले लगकर मैं घर की तरफ चल दिया!

14 March 3:30

दीदी के यहां जाने की वजह से मैं दो दिन तुमसे नही मिल पाया लेकिन तुम्हारा दिन खास बनाने के लिए मैंने एक कोशिश की जो तुम्हे इतनी अच्छी लगी कि एक खुशी एहसास तुम्हारे भीतर उठ गया और तुमने उसे जी भरके जिया। मैं तुमसे कॉलेज में मिला और मिलते ही हम बैठकर बातें करने लगे मेरी नज़र बार बार तुम्हारी निगाहों पर जा रहीं थी मैं जिनमे डूब जाना चाहता था और खुदको उनमें खो देना चाहता था लेकिन मैं तुम्हारे होंठो के आस - पास ही कहीं ठहर गया और वहीं टिका रहा। मैंने दो दिन से तुम्हारा हाथ नही थामा था तो मैं तुम्हारा हाथ थामना चाहता था लेकिन कॉलेज में होने की वजह से मैं तुम्हारा हाथ नही थाम पाया और कुछ देर बाद हम दोनो चल दिए। उसके बाद मैं तुमसे ग्राउंड में मिला, तुम लाल रंग की टी - शर्ट पहनकर आई थी और तुम्हे उस टी शर्ट में देखकर मुझे ऐसा लगा जैसे इश्क का लाल रंग मेरी

तरफ मुझे रंगने के लिए आ रहा है और मेरे बहुत करीब आकर वो मेरे दिल में गहराई तक समा जाएगा। मैं तुमसे मिला और हम दोनो ग्राउंड की तरफ चल दिए, वहां बैठते ही मेरी पैंट फट गई। हमारे रिश्ते में कई सारी चीज़ें पहली बार होती हैं और ये भी कुछ ऐसा ही था, तुम हँसने लगी और तुमने कहा,

"आवाज अच्छी थी"

"हां, अब तो ये भी कहानी में जायेगा"

तुम मुस्कुराने लगी। थोड़ी देर वहां बैठकर तुमने वो चॉकलेट निकाली जो मैने तुम्हे दी थी और हम दोनो उसे खाने लगे। जब भी हम साथ में कुछ खाते हैं तो तुम पहले खाने के लिए मुझे ही देती हो ये दिखाता है कि तुमसे एक साल छोटा होने पर भी तुम कैसे इस इश्क में मुझे आगे रखती हो और मेरी इज्जत करके मुझे पहले अपने हाथ से खिलाकर उसके बाद खुद खाती हो। हमने वो चॉकलेट खत्म की और मैने तुम्हे अपनी खींची हुई तस्वीरें दिखाई। उसके बाद हम दोनो दिन भर की बातें करने लगे और मैने तुम्हे वो पायल दिखाई जो मैं तुम्हे अगले दिन देने वाला हूं। उसे देखकर तुम्हारे चेहरे पर एक बड़ी सी मुस्कुराहट आ गई। तुमने मुझसे कहा,

୶

"अच्छा है ये एक ही है अगर दो होती तो मम्मी पूछती कि घर में इतनी रखी हैं वो तो तुम नही पहनती और ये पहन ली"

"अच्छा"

"पता है आपने कितनी बड़ी टेंशन दे दी है मुझे, ये हाथ में तो मम्मी पहचान ही जायेंगी"

"तो निकाल देना ना"

"आपने ये निकलने के लिए दिया है, पहनने के लिए ही दिया है ना"

"हां पर कोई दिक्कत नही होनी चाहिए"

"नही होगी, I am a good storyteller"

उसके बाद हम दोनो मुस्कुराने लगे और एक दूसरे की तरफ देखने लगे। दिनभर की बातें करते हुए तुमने कहा,

"सारा सरप्राईज खराब हो गया उसकी दादी की डेथ हो गई पर उनकी age भी बहुत थी"

"बस जो आया है उसे जाना तो पड़ेगा ही। हम कितना चीजों को रोकना चाहते हैं लेकिन वो नही रुकती। हम तो चाहते हैं कि सब हमेशा रहे लेकिन ऐसा होगा तो नही इसलिए आगे बढ़ना जरूरी है"

तुमने हामी भरते हुए अपना सर हिलाया।

मैं तुम्हारी उंगली पकड़कर फिर अपने अतीत में गया और तुमसे मम्मी और पापा की बातें करने लगा। तुमसे वो बातें करना मुझे थोड़ा आराम देता है, लगता है जैसे मैं ये बातें उनसे ही कर रहा हूं और जो भी मेरे भीतर है, उसे धीरे धीरे निकाल रहा हूं।

"मेरे आंसू कहीं रुक गए हैं, आंखो के कोनो तक आते है और चले जाते हैं"

"अगर आप रोना चाहते हैं तो रो सकते हैं"

मैं बस तुम्हे देखता रहा और मैंने तुम्हारा हाथ पकड़ लिया,

"मैं घर इसलिए देर से जाता हूं क्योंकि मेरा वहां मन नही लगता, गंगोह भी मैं इसलिए नही जा रहा क्योंकि मैं कैसे रहूंगा मम्मी के होना, लगेगा जैसे वो कॉलेज गई हुई हैं बस आ जायेंगी कुछ देर में। मुझसे नही होगा"

"जब नानी की डेथ हुई तब मम्मी भी ऐसी ही हो गई थी कि कैसे जाउंगी लेकिन हम उन्हे लेकर गए और नानी की तस्वीर देखते ही वो रोने लगीं" ये कहते हुए तुम आसमान में देख रहीं थी। जैसे तुम आकाश में नानी के देख रही हो। उनकी तस्वीर महसूस कर रही हो। तुमने आगे कहा,

"आप सच से भाग नही सकते, आज नही तो कल उसका सकना करना ही पड़ेगा"

❧

ये सुनते ही मैं तुम्हारे गले लग जाना चाहते था लेकिन मैंने तुम्हारे पैरों पर अपना हाथ रख दिया और उन कदमों को महसूस करने लगा क्योंकि उन कदमों के मेरी जिंदगी में पड़ने के बाद से ही सब अच्छा होता जा

रहा है और मैं संभला हूं। हम दोनो उठकर चलने लगे और बातो और शैतानियों के बीच शाम और भी गहरी होती जा रही थी और मैं तुम्हारा हाथ थाम लेना चाहता था। कुछ दूर चलकर मैंने तुम्हारा हाथ थामा और तुमसे प्यार का इजहार किया तुमने उसमे हामी भरके उस इजहार को फिर से मुकम्मल कर दिया और अपने अपने अतीत में घूमकर आने के बाद हम दोनो अपने अपने घर की तरफ चल दिए।

15 March 6:38

सुबह होते ही तुम दर्द में थीं और तुमने मुझे कॉल किया। पूरी रात तुम्हे नींद नही आई इसलिए तुमने सुबह मुझे कॉल किया और मैं इतना खुश हुआ, क्योंकि मेरी सुबह की शुरुआत तुम्हारी आवाज सुनने से होने जा रही थी। मुझसे बात करते हुए तुम दर्द में भी सो गई। तुम्हारा मेरी आवाज सुनकर दर्द में भी सो जाना मुझे बहुत आराम देता है क्योंकि वो बताता है कि मैं असल में तुम्हारा "सुकून" हूं और इससे बेहतर मुझे और चाहिए ही नही। उसके बाद मैं तुमसे कॉलेज में मिला जब तुम मेरे पास आईं और तुम्हे देखकर मुझे आराम हुआ फिर हम दोनों ऑडिटोरियम चले गए। वहां हमारी नजरें एक दूसरे से मिल रहीं थी और अपना सबसे कीमती नजारा देखते ही चेहरे पर एक खुशी की लहर दौड़ा रही थी। तुम्हे बार बार देखने का मेरा मन किए जा रहा था इसीलिए मेरी नजरें तुमसे सिर्फ इसलिए हट रहीं थी क्योंकि हम कॉलेज में थे। तुम्हे देख देखकर मेरा दिल खुश हुए जा रहा था और उस खुशी ने मेरे हाथो से ये लिखवा दिया –

आज मैने पहली बार तुम्हे भीड़ के बीच से देखा
जैसे सादे फूलो के बीच एक सूरजमुखी
मुस्कुराता हुआ
बीच बीच में मायूस भी हुआ और इधर उधर देखने लगा
लेकिन अपनी रोशनी पाकर फिर हँसने लगा।

मैंने उसे दूर से देखा

उसकी रोशनी में कोई कमी नही थी

दूर से भी उतनी ही रोशन

मैंने पहली बार देखा एक मुस्कुराता सूरजमुखी

अपनी कोमलता ओढ़कर मुस्कुराता हुआ

उसकी पंखुड़ियां लहरा रहीं थी

और लहराते हुए जब उसकी चमक में और इज़ाफा हो रहा था

तो मेरी सांसें उस चमक से खुदको रोशन किए जा रही थी

वो अपने साथ वाले फूलो से बात करता

मुस्कुराता

और ऊपरवाले का इतना खूबसूरत करिश्मा

मुझे कोई और ना लगता।

बीच बीच में उसकी धूप कहीं खो जाती

मायूसी से

लेकिन उस अंधेरे में वो और खूबसूरत लगता

रातरानी की तरह।

मैंने पहली बार किसी बदलाव में खूबसूरती महसूस की

जो लगातार हुए जा रहा था

अब उसे देखने के अलावा

मेरे और मेरे शब्दो के पास कोई रास्ता ही नही है।

๑๑

तुम्हे कॉल करके मैंने तुमसे बाहर आने के लिए बुलाया। आज के दिन हम गुरुद्वारे जाने वाले थे और इसीलिए तुम सूट पहनकर आने वाली थी। तुम्हारा इंतजार करने के बाद मैंने तुम्हे सूट में देखा, पहली बार। तुम्हारा नूर सबसे अलग लग रहा था। कहीं घोर अंधेरे के बीच में चमकता हुआ एक सूरज जो सिर्फ मेरा है, सदा सदा के लिए। मैं चाहकर भी पूरी तरह से ये बयान नही कर सकता कि तुम कितनी खूबसूरत लग रहीं थी। मैं तुम्हारा हाथ थामकर तुम्हे मां के सामने उनकी बहू के रूप में ले जाना चाहता था मैं उसी वक्त तुम्हारे साथ शादी के बंधन में बंध

जाना चाहता था। उस एक पल में ऐसा लगा जैसे मेरी जिंदगी मेरे लिए सजकर मुस्कुराती हुई मेरे पास आ रही है खुदको मुझे सौंप देने के लिए। ईश्वर के सामने।

रिक्शा में बैठकर भी मेरी नजरें सिर्फ तुम पर टिकी रहीं क्योंकि मैं तुमसे नज़र हटाना नही चाहता था। मैं बस तुम में खो जाना चाहता था। तुम्हारी चुन्नी में बंधकर तुम्हारे करीब रह जाना चाहता था। तुम्हारे सूट की आस्तीनो में बैठकर उसमे ही कहीं छुप जाना चाहता था। तुम्हारी बिंदी में रहकर तुम्हारे ख्यालों में रह जाना चाहता था। उतनी सारी ख्वाहिशें लेकर मैं तुम्हारी आंखों में देख जा रहा था और ऊपरवाले से यहीं धन्यवाद कर रहा था की उसने मुझे कितना कुछ दे दिया है। हम गुरुद्वारे पहुंचे और वहां की शांति में मैंने जैसे तुम्हारे साथ खुदको पा लिया। उस शांति को अपने अंदर उतारकर उसके साए में मैंने तुम्हारे पैरो में पायल पहना दी। वो पल और ये दिन हम दोनो के लिए बेहद खास था इसलिए गुरुद्वारे वाले पल को मैं लिखना नही चाहता उसे बस जीना चाहता हूं क्योंकि तुम्हे पायल पहनाना, तुम्हारे और मेरे, दोनो के लिए बहुत एहमियत रखता है और हम उस पल को बखूबी समझ सकते हैं।

वहां से चलकर हम दोनो restaurant गए वहां मैंने तुम्हारा हाथ थामा और तुम्हे बताया कि मैं तुमसे कितनी मोहब्बत करता हूं। मैं तुम्हारे साथ शैतानियां करता रहा जिसकी वजह से तुमने मुझे उन तिरछी नजरों से देखा जो तुमसे बेपनाह मोहब्बत की वजहों में से एक है। मैं कसके तुम्हे गले लगा लेना चाहता था और तुम्हारे साए में खो जाना चाहता था क्योंकि अब लगभग एक हफ्ते के लिए हम मिलने वाले नही थे इसलिए ये दिन हम दोनो के लिए ही बहुत ज्यादा अहम हो गया था। तुमने मेरी तड़प को आराम देने की एक वजह मेरे गालों पर दे दी और तुम्हे हॉस्टल छोड़ते वक्त हम दोनो ने उस तड़प को आराम दिया। जब तुम बैग लेने गई तो मैं खड़ा हुआ यही सोच रहा था,

"क्या लिखूंगा आज के बारे में? मैं इसदिन को लिखना नही चाहता, बस जीना चाहता हूं"

फिर भी मैं लिख रहा हूं वो सब जो जरूरी है क्योंकि कहानियां कहीं से भी अधूरी नही छोड़ी जा सकती।

16 March - 20 March!

तुम होली के लिए घर चली गईं। पूरे दिन मैं तुम्हे याद करता रहा....तुम्हारे बिन मैं ऐसा हो जाता हूं जैसे रेगिस्तान की रेत पर खड़ा मैं प्यासा तप रहा हूं। ना अपनी कहानी सुनाने के लिए कोई है और ना ही मुझे पानी मिल रहा है। ऐसे में तुम बरसात सी आती हो और मुझे वो सुकून दे जाती हो जिसके लिए मैं शायद कई सालो से तड़प रहा हूं। तुम घर पहुंची और तुमने मुझे बताया कि सफर काफी थका देने वाला था और ये दिन सबसे बुरा दिन था। मैंने तुम्हे आराम देने की कोशिश की.....तभी तुमने मुझे बताया कि तुम मेरा गाना सुनते हुए रोने लगी थी और सफर में ही बहुत देर तक रोती रही, जब तक तुम्हे आराम नही हुआ, तब तक। मैं ये सब सुन रहा था और मुझे लग रहा था कि कैसे हम दोनो एक जैसे ही हैं, जो मैं यहां महसूस करता हुं और तुमसे कह नही पाता वही तुम भी वहां महसूस करती हो मेरे बिना। हम दोनो के पीछे एक ही सवाल भागता है, "दूर रहकर कैसे रहेंगे?" और उसका जवाब हम ये कहकर दे देते हैं, "भविष्य के लिए जरूरी है"

तुमने मैसेज में लिखा, "वीडियो कॉल कर सकती हूं?, आपको देखने का मन कर रहा है।"

"हांजी जरूर"

तुम्हारा ये मैसेज देखकर मुझे यकीन नही हुआ कि तुम्हे मुझसे इतनी ज्यादा मोहब्बत हो गई है कि मेरा चेहरा देखे बिना तुम्हे आराम नही होता। मेरा मन बस मुस्कुराए जा रहा था और दिल के अंदर एक जश्न चल रहा था जिसमे तुम्हारी ही बातें गूंज उठी थी।तुमने मेरे बारे में भैया को बताया और उस पल से ज्यादा खुशी मुझे हुई ही नही जब तुम्हारे परिवार के एक सदस्य को मेरे बारे में पता चल गया। वो पल मेरे लिए ऐसा था जैसे हमारी शादी की शुरुआत हो जाना, जैसे तुम्हारे घर में मेरे बारे में पता है अब बस जिंदगी में तुम्हारे लायक बनना है और सफलता मिल जायेगी। अगले दिन हमने थोड़ी कम बात की लेकिन फिर भी इतनी की जितनी ज़रूरी थी। रात होते ही हम दोनो में

करीबियां बढ़ती जा रही थी और एक दूसरे को देखने की चाह भी। तो मैने तुम्हे एक वीडियो भेजी और उसके साथ भेजे कुछ गाने, जिन्हे सुनते ही तुम्हारा मन मेरे गले लग जाने के लिए उतावला होने लगा। हम दोनो ने एक दूसरे को समझाया और सो गए। मैने तुमसे वीडियो कॉल की और तुम्हारी आंखों में देखी बिलकुल मेरी आंखों जैसी तड़प, मुझे छू लेने की। मेरे गले लग जाने की। मैं उस तड़प को पढ़ रहा था और एक बार फिर खुदको यकीन दिला रहा था कि ये सब सच है और मेरे साथ हो रहा है। मैं तुम्हे हंसाता रहा और ये सब करते करते हमारा सोने का वक्त हो गया। तुमने मुझे कविता भेजी और उसे पढ़ने के बाद मैं नि:शब्द हो गया क्योंकि इस बार की तुम्हारी कविता हर तरह से शानदार थी। शब्दो का चयन, उनका इस्तेमाल, पहली से लेकर आखिरी पंक्ति, सब एकदम शानदार। मैं उन पंक्तियों में खो गया था और मेरे शब्द उनमें ही रह गए क्योंकि कुछ शब्द ऐसे थे जो मुझे सीखने थे इसलिए मैने उन्हे वहीं रहने दिया जिससे कि मुझे भी ज्ञान मिले।

༄

मैने तुमसे कहा,

"वादा करिए, चाहे मैं रहूं या ना रहूं आप लिखना नही छोड़ेगे"

"हमें पता है आपका वो मतलब नहीं था लेकिन ये सुनकर बहुत दुख हुआ हमे"

"हमारा वही मतलब था, जब तक जिंदा हूं तब तक तो आपको छोड़ने नही दूंगा इसलिए उसके बाद का वादा ले रहा हूं"

"मैं जब तक लिखूंगी मुझे आप मेरे पास चाहिए, सिर्फ एक आप ही हो जो इन्हे पढ़ता है और समझता है"

"धीरे धीरे सारी दुनिया पढ़ेगी, और समझेगी भी"

"पर मुझे आप मेरे पास चाहिए"

"मेरा वादा है, मैं आपके पास ही रहूंगा"

"ये कविता प्रेमी और प्रेमिका के वियोग की है, मैं नही चाहती कि ये सच हो"

"हम वहीं लिखते हैं जो काल्पनिक होता है, या फिर जो हो चुका होता है"

"मैं नही चाहती कि ये वास्तविक हो"

"वास्तविकता कुछ और ही होगी"

"आप मेरे साथ रहिए"

"मैं आखिरी सांस तक रहूंगा"

इन सब बातो के बाद जैसे मैने तुम्हारे एहसास को गले लगाया और तुमने मेरे एहसास को और हम दोनो शांत सो गए।

⌒‿⌒

21 March 6:00

हम दोनो 5 दिन बाद मिल रहे थे लेकिन इन पाँच दिनों में हमने जैसे पांच साल जिए हो एक दूसरे के बिना। वो तड़प, वो एहसास हम दोनो ही महसूस कर रहे थे और फिर एक दूसरे को संभाल रहे थे। तुम वापस आई और मैं काम की वजह से तुमसे मिलने में देर हो गया लगभग 6 बजे मैं तुमसे मिला और मिलते ही तुम्हारी खुशी से तुम्हारी आंखों में आई रोशनी ने मेरे अंदर बुझे हुए सारे दियो को एक साथ जला दिया और मुझे रोशन कर दिया। गले मिलकर हम दोनो घूमने लगे और अपनी दिन भर की, आगे पीछे की सारी बातें एक दुसरे को बताने लगे जिससे कि वो हमारे दिल से निकलकर फिर से कहीं महफूज हो जाएं। थोड़ा सा घूमने के बाद तुमने मुझसे कहा,

⌒‿⌒

"चलिए बैठते हैं, आपका बैग भारी है"

"नही भारी नही है, बस सामान ज्यादा है"

"फिर भी बैठते हैं"

हम दोनो बैठने गए तो देखा कि सीट काफी गंदी हो चुकी थी और दूसरी तरफ भीड़ काफी थी। अगर हम दोनो वहां बैठते तो वो भीड़ हमे

ऐसे देखती जैसे हमने उनसे कुछ छीन लिया हो और तब वहां बैठे हो।

हम दोनो ग्राउंड में जाकर बैठ गए और बैठते ही मैंने तुम्हे खत दे दिया, तुमने वो खत संभालकर रखा और कहा, "हॉस्टल जाकर पढ़ूंगी आराम से"

"गाना सुनेंगे?"

"अरे ये तो मैं भूल ही गई थी, सुनाइए।"

∽

मैंने गाना गाना शुरू किया और कुछ देर इधर उधर देखने के बाद तुम मुझे एकटक देखने लगी। जब तुम मुझे ऐसे देखती हो तो मैं तुमसे नजरें नही मिला पाता क्योंकि तुम्हारा सारा प्यार तुम्हारी आंखों में आ जाता है और उस प्यार को देखकर मेरा उसके बोझ तले दब जाने का मन होता है लेकिन जगह को देखकर मैं नजरें मिला नही पाता और बस मुस्कुरा देता हूं। गाना सुनने के बाद तुम चुप बैठी रहीं और थोड़ी देर बाद तुमने मुझसे कहा,

"बहुत अच्छा"

"मुझे पता है"

तुमने मुझे बताया कि तुम मेरे होंठो पर अपने होंठो को आराम देना चाहती हो और मैं भी यही चाहता था लेकिन हम दोनो ही ये कर नही सकते थे। थोड़ी देर वहां बैठकर हम दोनो चलने लगे और चलते चलते मैं हर बार की तरह शैतानी करने लगा। असल में मैं तुम्हे गले लगाना चाहता था क्योंकि फिर से 5-6 दिन के लिए मै तुमसे दूर जा रहा था। मैं तुम्हारे होंठो पर फिर से एक एहसास छोड़ जाना चाहता था जो हमे भीगा दे और कुछ देर के लिए हम उसी दुनिया में चले जाएं जो बादलों के बीच कहीं है। जहां सिर्फ तुम और मैं मौजूद होते हैं लेकिन मेरी ये सारी ख्वाहिशें तुम्हारी होंठो की नांव में डूब गईं और मैं मुस्कुरा दिया। मैंने तुम्हारा हाथ थामकर उसे चूम लिया और तुमने मुझसे ज्यादा कसकर मेरा हाथ थामा और उसे 3 - 4 बार चूम लिया। हम दोनो वहां से चल दिए और दुकान पर जाकर जब तुमने मेरी आंखो में देखा तो मुझे वो खुशी तुम्हारी आंखों में दिखी जो वीडियो कॉल करते हुए तुम्हारी आंखों में मुझे

देखकर दिख जाया करती है। तुम्हे हॉस्टल छोड़कर तुम्हारे एहसासों को आंखों में उतारकर मैं घर आ गया।

26 March 3:15

मैंने तुम्हे सरप्राईज देने के लिए तुम्हे नही बताया कि मैं आने वाला हूं और तुम्हारे सिवा ये सबको मालूम था पर किसी ने तुम्हे नही बताया। मैंने तुमसे कहा,

"जब कॉलेज आ जाओगे तो कॉल करदेना, मुझे एक काम है"

"ठीक है"

मेरा क्रिकेट का मैच भी था तो मैं उसके लिए और तुम्हे सरप्राइज देने के लिए पूरी तैयारी के साथ आया। तुम्हारे कॉलेज आने पर तुमने मुझे कॉल किया और बताया कि तुम कैंटीन में हो। मुस्कुराता हुआ मैं कैंटीन में पहुंचा और बाहर खड़ा होकर तुम्हे देखने लगा, तभी मेरी बैटिंग आ गई थी और मुझे जल्दी जाना पड़ा तो मैंने वहीं छुपकर तुम्हे देखा और तुम्हारे चेहरे को देखकर मुझे लगा कि तुम बहुत थकी हुई हो इसलिए मैं कैंटीन से बाहर गया और तुम्हे कॉल किया,

"बाहर आ जाओ मेरा दोस्त खड़ा है वो कुछ देगा आपको, वो ले लेना"

"चलिए देखते हैं, कौनसा दोस्त है"

मैं वहां तुम्हारा इंतजार कर रहा था और तुम्हे देखते ही मैंने तुमसे कहा,

"हेलो"

मुझे देखते ही तुम्हारे चेहरे पर एक बहुत बड़ी मुस्कुराहट आ गई और तुम बस खुदको समझाने लगी कि ये सब सच है। ऐसा सच में हो रहा है। तुमने अपनी आंखो से मुझसे पूछा, "यहां कैसे"

और मैंने बस अपनी आंखें झुकाकर तुमसे कहा, "ऐसे ही"

तुम मुस्कुराती हुई मेरी बाहों में सिमट गईं। मैं बस तुम्हे देखता ही रहा और साथ ही लोगो को भी, क्योंकि हम दोनो कॉलेज में थे लेकिन तुम्हारी खुशी का कोई ठिकाना नहीं था और तुम फिर से मेरी बाहों में आ गईं जैसे तुम बस थोड़ी देर वहीं रह जाना चाहती हो। जब तक तुम्हारा मन ना भरे तब तक। तुम थोड़ा संभली और मैंने तुमसे कहा कि मैच के बाद मिलता हूं मेरी बैटिंग है अभी। मैच खत्म होने के बाद मैं तुमसे मिलने आया और फिर से वो एहसास जिया, तुम्हारे साथ चलने का। उस एहसास में एक सुकून होता है कि मेरे साथ एक ऐसा हमसफर है जिसे खुद से ज्यादा मेरी पड़ी है। जिसके सिर्फ होने भर से मैं खुश हूं। हम ग्राउंड पहुंचे और अपनी दिन भर की बातें बताते हुए वहीं बैठ गए। तुमने मुझसे पूछा, "ये सब कैसे मतलब"

"बस ऐसे ही, हमारा मन था आपको सरप्राइज देने का"

मैंने तुम्हे सब समझाया और तुम मेरी तरफ एकटक देखने लगी, जैसे तुम मेरी आंखो में झांक रही हो, वो सब जान लेना चाहती हो जो मैं बहुत हिम्मत के बाद अपने होंठो से कहने की कोशिश करूंगा। मैं बार बार नजरें हटा रहा था क्योंकि मुझे शर्म भी आ रही थी मैं ये भी नही चाहता था कि तुम वो सब जान लो जो मेरी आंखो में है। कुछ देर बाद मैंने तुम्हारा ध्यान भटकाया और तुम मुस्कुराई। इतने दिनो बाद मैंने तुम्हारी आंखों में एक सुकून देखा, एक प्यार का एहसास। वीडियो कॉल पर मैं तुम्हारी आंखों में एक तड़प देखता था, एक अधूरापन लेकिन तब मैंने एक प्यार की अनुभूति देखी जो तुम जिए जा रही थी मेरे साथ बैठकर। मैं तुम्हे गले लगाकर तुम्हारे माथे को चूम लेना चाहता था और तुम्हारी आंखों में बचे उस बाकी अधूरेपन को भी खत्म कर देना चाहता था लेकिन सबके बीच होना, हमें ये करने नही देता। मैं तुम्हारे गालों पर अपने गाल रखकर उनसे पूछना चाहता था कि कहीं ये पागल लड़की मेरी याद में रोई तो नही है। कहीं इसने बरसात करके अपनी इन बर्फ की पहाड़ियों को भिगाया तो नही, कहीं इसने मुस्कान के साथ साथ आंसुओ का एहसास तो नही किया मेरे बिना, कहीं इन आंखो ने तुमसे वो सारी तड़प कहकर तुम्हे भी चिंतित तो नही किया। मैं ये सब उनसे पूछ लेना चाहता था क्योंकि मैं हर दिन तुम्हारी आंखें पढ़ता था और उनमें एक

चीज सबसे ज्यादा दिखती थी,

"जल्दी आ जाओ"

मेरी मां के बाद तुम ऐसी दूसरी शख्सियत हो जिसकी आंखो में मैं ये सब देखता हूं। शायद ऊपरवाले ने एक गुड़िया छीनकर दूसरी दी है। ये नामो का एक होना कोई इत्तेफाक तो नही होगा। इसीलिए मुझे तुमसे इतनी मोहब्बत है जिसे मैं भी एक बार में बयां नही कर सकता। तुम्हारे साथ चलते हुए तुम्हे आधे रास्ते तक छोड़कर मैं जाने लगा कि तभी तुमने आवाज दी कि तुम्हारा फोन मेरे पास है। तो मैंने तुमसे कहा,

"मेरे पास नही है"

"पर मैने दिया था"

"आप खुद देख लीजिए, नही है"

"फिर कहां गया"

"बैग चेक करिए, आप कुछ रख रहे थे उसमे"

और तुम्हारा फोन मिल गया। मेरी बढ़ती धड़कनों को आराम हुआ और मैं तुम्हे गले से लगाकर मुस्कुराता हुआ लौट गया।

29 March 5:00

मैं बिलकुल टाइम से फ्री हो गया और तुम्हारे साथ मैं बाजार गया हालांकि मंगलवार होने की वजह से बाजार बंद था तो हम दोनो वापस आ गए। मैने तुम्हारे मास्क हटाते ही तुम्हे देखा और मुझे हर बार की तरह वक्त का ठहरना महसूस हुआ कुछ पल के लिए. मैं बस तुम्हे रोककर तुम्हे कुछ देर देखना चाहता था वहीं रुककर क्योंकि मैं कई दिनों बाद तुमसे मिल रहा था और तुम्हे देख रहा था इसलिए मैं उन सभी दिनों की तड़प को पूरा कर लेना चाहता था और अपनी इन आंखो में वो खाली जगह भर देना चाहता था जो इन दिनों के इंतजार से मेरी आंखो में इक्कठी हो गई थी। हम वापस ग्राउंड गए और बैठ गए। मैंने तुम्हे वो छोटा सा doraemon दिखाया जो मैं तुम्हारे लिए लाया था और उसे देखती ही तुम खुश हो गई। मैंने तुम्हारी उस मुस्कान में वो नादानी महसूस की जो मुझे हर तरह से सुकून दे रही थी। एक दूसरे के अतीत में

घूमकर हम दोनो वापस आए और बातें करने लगे। नई, पुरानी, वो सब बातें जो हमारे होंठो पर ना जाने कब से ठहरी हुई थी किसी ऐसे इंसान की तलाश में जिसके सामने वो आजाद होकर निकल सकें और आजादी से उड़ सकें। सारी बातें करने के बाद हम उठकर चल दिए और बेंच पर जाकर बैठ गए। वहां उन पलो को फोन में कैद करके और फिर से एक दूसरे को बातें बताके वहां बैठ गए। मेरे हाथो ने अपने घर की तलाश में तुम्हारे हाथो को थाम लिया और हम दोनो एक दूसरे के हाथो को कसकर पकड़े जा रहे थे जैसे हम दोनो बस यही रह जाना चाहते हैं जिंदगी भर के लिए एक दूसरे के साथ हाथ थामते हुए। तुम्हारे फोन पर कुछ लगा था तो तुम उसे साफ करने लगी और मैंने तुमसे कहा,

❧

"कितनी बार बोला है मैंने, मेरी फोटो को चूमा मत करो"

तुम मुस्कुराने लगी।

मैंने तुमसे फिर से कहा,

"कभी किया है आपने मेरे फोटो को kiss"

"हां, बहुत बार। अभी कुछ दिन पहले ही किया था"

"इतने प्यार की आदत नही है मुझे"

"मैंने भी डाल ली ना, आप भी डाल लो"

❧

ये सब बातें कहते हुए मैंने तुम्हारा हाथ कसकर थामा हुआ था। मैं बस खुदको खुशनसीब महसूस कर रहा था कि आखिर तुम मुझसे इतना प्यार कैसे कर सकती हो। आखिर मुझमें मोहब्बत करने जैसा क्या है जो तुम मुझे इतना चाहने लगी हो। तुमसे गाना सुनकर और तुम्हारी आंखों के दरिया में थोड़ी देर तैरकर हम दोनो वहां से चल दिए और थोड़ी दूर तक तुम्हे छोड़कर मैं उस दरिया के पानी में भीगा हुआ घर आ गया।

3

April

1 April 5:40

तुम शहर से बाहर अपनी दोस्त के घर गई हुई थी और मैने स्नैप में देखा कि तुमने कुर्ती पहनी हुई थी। मेरा दिल बाग बाग हो गया और बस एक ही तमन्ना करने लगा कि मुझे तुम्हे कुर्ती में देखना है, कुछ भी करके। मैने तुम्हारे फोटो देखे और मेरा दिल तुम्हारी कुर्ती की उस कढ़ाई में रह गया जो उस पर बनी हुई थी। तुम्हारे वापस आने पर तुमने मुझे कॉल किया और हम दोनो मिले। एक दूसरे का साथ लेकर हम दोनो ग्राउंड की तरफ चल दिए और मैने तुमसे तुम्हारे पूरे दिन के बारे में पूछा, जब तुम बता रहीं थी तो मैं तुम्हारे चेहरे की तरफ देख रहा था। मैं अंदर उतार रहा था वो हर एक याद जो इस दिन तुम्हारे चेहरे पर बनी थी, मैं तुम्हे बड़े ध्यान से देख रहा था। ये सब होने के बाद हम दोनो बैठ गए और मैं तुम्हे दिन भर की बातें बताने लगा कि तभी मम्मी का कॉल आ गया और मैने तुमसे फोन स्पीकर पर करने के लिए कहा क्योंकि मैं मम्मी की आवाज सुनना चाहता था। मुझे सुनना था कि वो कैसे बोलती हैं। मुझे सुनना था कि उनकी शब्दावली कैसी है। मुझे महसूस करना था कि क्या वो भी बीच बीच में हँस देती हैं। मुझे महसूस करना था कि उनके शब्दो में कितनी ज्यादा मिठास है। मैने जब सुना तो वो सब जान गया जो मुझे

जानना था कि उनकी आवाज में वो सब झलकता है जो उन्होंने सारी जिंदगी में देखा है। उनकी आवाज जितनी प्यारी है उतनी ही दिलचस्प भी कि बस उन्हें सुनने में ही आराम मिलता रहे। जब वो बोलती हैं तो चेहरे पर मुस्कान आ जाती है सिर्फ उनके शब्दो से ही।

मैंने महसूस किया कि तुम उनका साया ही तो हो क्योंकि जिस तरह से तुम मेरे साथ करती हो, जब तुम मम्मी के साथ वो सब ड्रामेबाजी कर रही थी तो मम्मी दिखा रहीं थी कि वो तुमसे दो चार कदम नहीं, बल्कि एक पूरी जिंदगी आगे हैं। मैंने खुदको खुशनसीब महसूस किया कि मैं इस परिवार का हिस्सा बन सकता हूं। थोड़ी देर वहां बैठकर तुमने मुझसे अपनी परिवार की बातें की और फिर हम मम्मी की बातो का मतलब निकालने लगे और उनपर हँसने लगे। तुम्हारा मुझे बेझिझक अपने परिवार की बातें बताना एक और रास्ता बनाता है जो मुझे तुम्हारे भरोसे की मंजिल तक लेकर चला जाता है और मैं बस वहां जाकर अपनी जगह बैठ जाता हूं। वहां थोड़ी देर बैठने के बाद दिन भर की बातें करके हम दोनो उठकर चलने लगे और चलते चलते मैंने तुमसे कहा,

୭

"You know what the best thing about this relationship that we can share anything without hesitate और मैं चाहता हूं कि ये ऐसा ही रहे"

तुम मुस्कुराने लगी।

मैंने आगे कहा, "आप बहुत सच्चे हो तो मैं ये नही कहूंगा कि आगे भी ऐसे ही रहना क्योंकि मुझे भरोसा है कि आप रहोगे। मैं तो लोगो को भी कहता हूं कि मेरे वाली बहुत सच्ची है"

तुमने कहा, "मैं बस कभी किसी को छोड़ना नही चाहती, अगर मैं किसी को छोड़ूंगी तो पछतावा मुझे होगा जो मुझे महसूस नही करना। मैं किसी भी चीज को 'काश' पर नही छोड़ना चाहती क्योंकि वो सही नही है"

"और काश कभी खत्म नही होता"

"हां"

तुम्हारे साथ शब्दो की गेहाइयो में जाने से मुझे अलग ही सुकून मिलता हैं। ऐसा लगता है जैसे मैं तुम्हारे होने से खुद से मिल रहा हूं।

॰৩

वहां से आगे बढ़कर हम दोनो चलने लगे और मैने तुम्हे अपने गाने सुनाए जिन्हे सुनकर तुम्हे ही बताना था कि कौनसा अच्छा है तो तुम्हे गाना सुनाते हुए मैं तुम्हे देख रहा था, अपनी सबसे बड़ी प्रशंसक को, जिसका फैसला मेरे लिए बहुत जरूरी है। तुम्हारे साथ शरारते करते हुए मैं फिर से उन नादानियों से मिलता हूं जिनका वास्ता सिर्फ हम दोनो के दायरे से है। तुम्हारा हाथ थामकर कुछ देर चलने के बाद मैने तुम्हे सड़क पार कराई और उसके बाद मैं घर गया।

3 April 11:30

3 महीने पहले, ठीक आज ही के दिन मैने तुम्हे पहली बार खत दिया था। कुछ इसलिए भी ये दिन स्पेशल था और कुछ हम घूमने जा रहे थे, इसलिए भी। मैने तुम्हे हॉस्टल के बाहर आकर बुलाया और हम दोनो स्कूटी पर बैठकर चल दिए। ये पहली बार था जब तुम मेरे पीछे बैठी हुई थी और मैं एक रहबर की तरह तुम्हे रास्ता दिखाने के लिए लेकर जा रहा था। मैं इस दिन को बाकी दिनों के लिए नही लिखना चाहता, कि मैं सब लिखूं। कुछ दिन सिर्फ जिए जाते हैं लेकिन हमारा हर दिन इस किताब में आने के बाद पहले से भी खूबसूरत हो जाता है। मैं लिखूंगा उन छोटे छोटे एहसासों के बारे में जो मुझे महसूस हुए और तुम्हे भी। जिनके बारे में हमने जरा सा भी नही सोचा था और वो इतनी खूबसूरती से बीते कि हमारे दिल के एक महफूज कोने में सज गए। हर किसी का एक ख्वाब होता है कि वो अपनी मोहब्बत के साथ कहीं घूमने जाए, अकेले और जब उनकी मोहब्बत वाहन चला रही हो और वो पीछे उसे पकड़कर बैठे हो। हमारे लिए भी ये पहली बार था कि मैं तुम्हे कहीं घुमाने के लिए लेकर जा

रहा था और तुम मेरे पीछे बैठी हुई थी। रास्तों के बीच में मैं उस एहसास को जी रहा था कि तुम मेरे साथ हो इस सफर पर। सिर्फ इस सफर पर ही नही, जिंदगी के हर सफर पर।

इसीलिए मैं बार बार पीछे तुम्हे देखकर मुस्कुरा रहा था क्योंकि मैं नही चाहता था के ये पल ठहर जाए, मैं बस चाहता था कि क्यों ना ये पल जिंदगी भर चलता रहे लेकिन ऐसा हो नहीं सकता था। जब मेरे पीछे बैठकर तुमने मुझे पकड़ा हुआ था तब मैं तुम्हारे हाथ अपने ऊपर महसूस कर रहा था और फिर वक्त से गुजारिश कर रहा था कि ये कमबख्त ठहर क्यों नही जाता। बीच बीच में तुम मुझे बहुत कसके पकड़ लेती, उस एहसास को और भी ज्यादा खूबसूरती से जी लेने के लिए और अपना सर मेरे कंधे पर रख देती, एक प्यारे से भरोसे के साथ कि मेरे साथ तुम बिलकुल महफूज हो और मैं तुम्हारे उस भरोसे को और मजबूत करने के लिए कभी तुम्हारा हाथ थाम लेता तो कभी तुम्हारे सर से सर मिला देता, मैं कहना चाहता था कि

"हां, मैं यहीं हूं। तुम्हारे साथ इस खूबसूरत एहसास को जी रहा हूं।"

तुम मेरे सीने पर मेरा हाथ रखती और मेरे शरीर पर अपना हाथ फेरती रहती जैसे तुम मुझे और जानना चाहती हो, पूरी तरह से। ये ऐसा पहली बार था जब कोई मेरे इतने करीब आ रहा था और मैं बस अपना हर हिस्सा, हर कोना उसे दिखाने में खुश था। बहुत खुश इसीलिए मैं उस सफर में तुम्हारा हाथ थाम रहा था तुम्हे ये आश्वासन देने के लिए कि मुझपर सिर्फ और सिर्फ तुम्हारा ही हक है। ये एक ही महीने में दो बार था जब हम कहीं घूमने के लिए गए थे और दूसरी बार भी गंगा किनारे। जैसे गंगा मां हमारे इस रिश्ते की पवित्रता को महसूस कर रही हो और हमें और भी ज्यादा शक्ति और मजबूती देने के लिए अपने पास बुला रहीं हो। हम उनके पास जाकर उस ठंडे से एहसास में इस प्रेम के और भी पवित्र कर रहे थे, हर बार की तरह। तुम्हारे साथ मंदिरो में जाना मेरे लिए सबसे खूबसूरत पलो में से एक है।

तुम्हे पाकर तुम्हे मांगना बहुत अच्छा लगता है, भविष्य के लिए मांगना। जब मैं ऊपरवाले से तुम्हे मांगता हूं तो वो मेरा चेहरा तुम्हारी तरफ कर देते हैं कि देख पास ही है और मैं फिर उनकी तरफ मुंह करके

कह देता हूं,

"आखरी सांस तक"

फिर मुस्कुराता हुआ तुम्हे देखकर खुदको सुकून देता हूं। इस बार हमने भगवान शिव के मंदिर में जाकर एक दूसरे को गले लगाया था, मैने बस माथा टेका और तुम्हारे गालों को दोनो हाथो से छूकर ऊपरवाले को शुक्रिया अदा करने लगा। तभी मेरा मन तुम्हे गले लगाने का हुआ और मैंने तुम्हे गले लगा लिया। हम दोनो एक दूसरे को बाहों में लिए बस खड़े हुए थे, भगवान शिव के सामने। जैसे उन्होंने भी हम स्वीकृति दी हो ये सब करने की। तुम्हे जब एहसास हुआ कि मंदिर में ये सब सही नही है कोई भी आ सकता है तो तुमने एक हाथ छुड़ाया लेकिन मेरा मन नही था तुम्हे बाहों से कुछ देर और अलग करने का इसलिए मैंने तुम्हे और ज्यादा कसकर गले से लगा लिया और तुमने दोनो हाथो से मेरे चारो तरफ कुछ इस तरह एक सुरक्षा बना दी कि बस मैं सिर्फ तुम्हारा हूं और तुम मेरा जरा सा भी हिस्सा किसी और को देना नही चाहती हो। मैंने तुम्हे बाहों में लिए हुए तुम्हारी तरफ देखा तो तुम्हारी आंखें बंद थी और सारा प्रेम तुम्हारे चेहरे पर आ गया था क्योंकि तुम्हारा चेहरा बहुत मासूम सा हो गया था। तुम मेरी तरह एक बच्चा बनकर मेरी बाहों में सिमटी हुई थी।

मैंने तुम्हारी बंद आंखें देखी और मुझे एहसास हुआ,

"तुम मुझे कितना ज्यादा जीती हो, कितनी शिद्दत से तुम हर एक एहसास को अपनी समझदारी के साथ मिलाकर अपने भीतर उतार लेती हो आंखें बंद करके, तुम कितनी खूबसूरती से एक बच्चा बनकर खुदको मुझे सौंप देती हो बिना कोई परवाह किए, किस तरह तुम इस मोहब्बत में पूर्ण तरह से हो और किस तरह हमारे एक हो जाने पर तुम आत्मसमर्पण कर देती हो।"

तुम्हारी बंद आंखें तुम्हारे चेहरे पर लिख देती हैं "इस प्रेम में मैं पूर्ण रूप से तुम्हारी हूं, मेरा हर हिस्सा तुम्हारा है और सिर्फ तुम्हे ही चाहता है मैं भी चाहती हूं कि ये पल यहीं थम जाए और मैं इसे थोड़ा थोड़ा करके जीती रहूं लेकिन बढ़ जाना सबका कर्म है, इस पल का भी...इसीलिए मैं इस पल के थोड़ा थोड़ा नही पूरा जीना चाहती हूं और इसी तरह एक पल

को सिर्फ और सिर्फ तुम्हारे साथ बिता लेना चाहती हूं, जिंदगी भर। जब भी मैं तुमसे मिलती हूं तो मैं तुमसे ज्यादा खुदको पा लेती हूं इसलिए तुमसे मिलना ऐसा है जैसे खुद ही से मिल जाना।"

कुछ देर उस पल में ठहरकर हम दोनो आगे चले और मैंने कदमों को छूकर अपनी पसंदीदा जगह अपने सर को आराम दिया।

वो एहसास भरी गर्मी में भी मुझे ठंडक महसूस करा रहा था, ऐसा लग रहा था जैसे मैं तुम्हारी बर्फ की पहाड़ियों के बीच कहीं गुम हो गया हूं, वहां से बाहर आने का मेरा बिलकुल भी मन नही है और मैं इसीलिए काफी देर वहीं रहा फिर मैंने अपने होंठो को वहां आराम कराया और तुम्हारे चेहरे पर मुस्कुराहट आ गई। जब मैंने वहां अपने होंठो को आराम कराया तो मैं जैसे तुमसे कहना चाहता था कि "मैं तुम्हारे साथ एक परिवार चाहता हूं, रिश्ते मेरी जिंदगी में पहले भी बने हैं लेकिन ये रिश्ता इतना ज्यादा खास है कि इसे मैं उस पड़ाव तक ले जाना चाहता हूं जहां तुम और मैं मिलकर एक परिवार बनाएं।" तुम्हारे चेहरे की मुस्कराहट मेरी इस बात में हामी भर रही थी। थोड़ी देर इस एहसास को जीकर हम दोनों वहां से चल दिए, भगवान शिव के आशीर्वाद के साथ। गंगा किनारे हमें साथ बैठने की जगह मिली और हम दोनो उस ठंडे से एहसास में वहां बैठ गए। ठंडी हवा के बीच हम दोनों एक दूसरे की आंखो में वो प्यार देख रहे थे और उन पलो को freeze करके फोटोज में कैद कर रहे थे। हम दोनो वहां एक दूसरे के बहुत करीब थे इतने ज्यादा करीब कि बार बार एक हुए जा रहे थे। ये पहली बार था जब हम एक साथ बैठकर इतनी बार एक हो रहे थे खुशी से। मैंने तुम्हारा हाथ थामा और तुमसे कहा,

"हम दोनो एक दूसरे के कितना करीब हैं ना, हम दोनो को ही ये पता है कि सामने वाले के सामने हम बेपर्दा हैं। दोनो तरह से। लेकिन फिर भी हम कितना महफूज खुदको महसूस करते हैं उस पल में।"

तुमने नजरें झुकाकर हां कहा और मेरी रूह में अपने निशान उतार दिए। गंगा के पवित्र लहरों के दरमियाँ, उस पेड़ की छांव की सुरक्षा में हम दोनो बार बार एक हुए जा रहे थे जैसे हमें ना जाने कितने बरस से एक दूसरे से मिलने का इंतजार था और वो इंतजार आज मुकम्मल हुआ भी तो इतनी ज्यादा खूबसूरती से कि उसके साए में हम खुदको एक दूसरे को

सौंप रहे हैं, बेझिझक। ये दिन मेरे लिए बहुत ज्यादा खास है क्योंकि इस दिन तुम मेरी रहबर बनी थी और मैंने तुम्हे कसकर पीछे से पकड़ा हुआ था, वो पल बस मैं तुम्हे थामे हुए वो सारा प्रेम महसूस कर लेना चाहता था जो उस पल में मेरे भीतर आ रहा था इसीलिए बार बार में तुम्हे थाम रहा था और अपनी शैतानियों से तुम्हे सताए जा रहा था।

इन सभी यादों के साथ, ये दिन बेहद अहम है। सबसे ज्यादा।

4 April - 5 April

इन दोनो दिनों में हमारा दिन बहुत आम सी रहा और मेरा इतना लिखने का मन नहीं था तो मैं इन दिनों के बारे में ज्यादा नहीं लिख पा रहा हूं। इन दिनों तुमसे मेरी बातें हुई थी बहुत गहरी बातें, हम दोनो कुछ बात कर रहे थे और तुमने मुझसे कहा,

৩৩

"मेरे पति बनेंगे आप?"

"हांजी, आपको क्या लगता है?"

तुम मुस्कुराने लगी और मैंने तुमसे कहा,

"मतलब आप बनाओगे?"

"हांजी"

"चलिए अच्छा है, हम कोशिश करेंगे अच्छा पति बनने की और उसके बाद एक अच्छा पिता बनने की"

৩৩

तुमसे ये सब बातें करना अजीब नही लगता, बस मन में एक डर बैठ जाता है कि अगर ऐसा नहीं हो पाया तो फिर जिंदगी कैसे बसर होगी लेकिन मैं उस डर से बाहर निकलकर तुम्हारे साथ ये सपने देखने की खुदको आजादी दे देता हूं और हर बार मुझे एक नया सा एहसास होता है।

৩৩

"वैसे न मैं आपके ऊपर restrictions नही लगाऊंगा और ना ही कभी रोकूंगा कुछ भी करने से"

"बस मुझे इसी चीज का डर है"

"ऐसा नही होगा, ये मैने पहले से सोच रखा है कि आपके ऊपर कुछ दबाव नही आने दूंगा। बस आप अपना ध्यान अपने बिजनेस में रखना"

तुम मुझे देखकर मुस्कुराने लगी। इन दिनों का मेरे पास इतना ही ब्योरा है, इन दिनों मेरी हालत क्या थी ये तुम बहुत अच्छे से जानती हो।

ᜓ

6 April 1:00

तुमने मुझे अपने साथ कैंप में ले जाने की तैयारी कर ली और मुझे भी मालूम चला कि मैं वहां जा रहा हूं क्योंकि मुझे काम भी है। तुम्हारे साथ बस में बैठकर मैं चल दिया, वहां बैठकर मैंने तुम्हारे लिए एक कविता भी लिखी। ये पहली बार था जब मैं तुम्हारे साथ एक ही बस में था लेकिन तुम्हे पीछे से देख रहा था शुरुआत में मुझे काफी बुरा सा लगा लेकिन जब मैंने अपनी दुनिया को पीछे से बैठकर देखा तो उसकी खुबसूरती और भी ज्यादा बढ़ गई थी क्योंकि पहली बार में वो देख रहा था जिस पर मेरा आज तक ध्यान ही नही गया।

मेरी नजर तुम्हारी बालियों पर पड़ी और मेरा दिल उनमें ही कहीं अटक कर रह गया। वो सुनहरा सा रंग मेरी आंखो को चमकाए जा रहा था और मुझे रोशनी से पूरी तरह भरे जा रहा था। मैंने तुम्हारे कानो को पहले भी कई बार देखा था लेकिन इस बार जैसे इनमे दरमियाँ कुछ नया सा एहसास था। तुम्हारे कान बर्फ की पहाड़ियों से पहले खड़े हुए पेड़ो की तरह हैं जिनपर हाथ रखते ही एक कोमल और ठंडा सा एहसास होता है और उनसे बर्फ की पहाड़ियां एकदम साफ साफ दिखती हैं। मैं जैसे वहीं तुम्हारी बालियों पर बैठा हुआ था और तुम्हारे गालों को देखे जा रहा था अपनी आंखो को ठंडक देने के लिए फिर पीछे मुड़ते ही तुम्हारे जुल्फों

के बादल जब तुम्हारी गर्दन से हटकर एक झील दिखा रहे थे तो मेरा मन बार बार उसमे कूदकर खो जाने का कर रहा था। पूरे रास्ते मैं यही करता रहा, वहां भरे से कीचड़ के बीच में अपने कमल को देखकर इतनी खूबसूरती का आनन्द लेना मेरे लिए बहुत किस्मत की बात थी।

बस से उतरने के बाद हम स्कूल की तरफ चल दिए और एक जगह जाकर खड़े हो गए। तुम वहां पहले भी आती रही हो और मैं पहली बार गया था लेकिन फिर भी हम दोनों पूरी तरह से एक दूसरे के लिए गए थे और वहां जाकर एक दूसरे के साथ खड़े रहे।तुम्हारे साथ खड़ा होना मेरे लिए सबके ध्यान का केंद्र बन गया और सब मुझे ऐसे देख रहे थे जैसे ना जाने मैने क्या कर दिया हो। कुछ देर खड़े रहने के बाद हम दोनो बैठ गए और मैने तुमसे पूछा,

❦

"सच में मेरे साथ रहने से positive vibes आती हैं क्या?"

"बोलकर बताऊं या कुछ करके"

"कुछ करने की तो ये जगह नही है ऐसे ही बता दीजिए", मैने थोड़े लड़खड़ाते शब्दो से कहा।

"हां"

❦

मैने फिर से देखा था तुम्हे खुलकर मुस्कुराते हुए, तुम्हे पूरी तरह से जीते हुए। धूप और गर्मी की वजह से तुम काफी परेशान भी थी और वो थकान तुम्हारे चेहरे पर साफ साफ दिख रही थी। कुछ देर बाद जब प्रोग्राम खत्म हुआ तो हम दोनो वहां से निकल गए और फोटो खिंचवाकर एक घर के बाहर जाकर बैठ गए। तुम्हे थोड़ा आराम देने के लिए मै तुम्हारे साथ शरारत करने लगा और मैने तुम्हारा हाथ थाम लिया। हाथ थामते ही तुम्हारे चेहरे पर एक सुकून सा महसूस हुआ और तुमने भी कसकर मेरा हाथ पकड़ लिया।हम दोनो के हाथ जैसे हम दोनो से कहना चाहते थे कि आज काफ़ी थकान हो गई है, क्यों ना साथ मिलकर सो जाएं? वहां जाकर मैंने महसूस किया कि तुम्हारे लिए किसी का तुम्हे बहुत अच्छा लगना

कितना जरूरी है। जब तक तुम मेरे साथ रहीं तो तुम मेरे पास से नही हिली क्योंकि तुम्हारे अलावा मैं किसी को नही जानता था लेकिन जब मैं अपने काम में व्यस्त हो गया तब मैंने देखा कि इन लोगो के साथ इतने दिन रोजाना कैंप में आने के बाद भी तुम इन लोगो से उतनी दोस्ती नही कर पाई जितनी बाकी सबने कर ली थी. लेकिन तुम्हारे लिए जरूरी है vibes मिलना जो तुम्हे यहां किसी से नही मिली थी और मैं तो तुम्हारी vibes का एक चलता फिरता पिटारा हूं तो मेरे साथ तो तुम सब भूलकर मजे से रहती हो।

इन सबके दौरान मैं जब भी तुम्हारी तरफ देख रहा था तो तुम्हारे थके से चेहरे पर एक मुस्कान की लहर दौड़ जाती और उस मुस्कान में कोई दिखावा नही था। वो सच्ची थी, हमारे रिश्ते की तरह और मैं उसकी खूबसूरत महसूस कर रहा था इसलिए मेरे चेहरे पर भी एक बड़ी सी मुस्कुराहट और दिल में एक सुकून सा महसूस हो जाता। मैंने महसूस किया कि तुम किस तरह मुझ में अपना घर महसूस करती हो। मुझे देखकर थकान में भी मुस्कुरा देती हो, आराम के लिए मेरे बराबर में आकर बैठ जाती हो। तुम्हारे इतने प्रेम ने मुझे दबाया हुआ है एक फूलो से भरी हुई चट्टान के नीचे जहां कोमलता का एहसास भी है और मंत्रमुग्ध कर देने वाली महक भी। मैं इस महक को इसी तरह जिंदगी भर महसूस करना चाहता हूं।

7 April

हम दोनो को साथ में 3 महीने पूरे हो गए थे। हमारी शरारतें, प्रेम, हँसी - मजाक और ड्रामेबाजी को पूरे 3 महीने हो गए थे और ये समय एक पल की तरह निकल गया। तुम भी यही सोच रहीं होंगी कि हां, कल की ही तो बात है जब हम पहली बार मिले थे। काम में व्यस्त रहने की वजह से मैं जानता नही था कि मैं तुमसे मिल भी पाऊंगा या नही। हमने साई मंदिर जाने का प्लान बनाया लेकिन मुझे आने में काफी देर हो गई। हालांकि तुम मुझे लेने हॉस्टल के बाहर आई और हम दोनो पास वाले मंदिर में चले गए।

◖◗

"मेरा फास्ट है"

"हे भगवान मुझे शक्ति देना" तुमने थोड़ा गुस्से में कहा।

"मेरा मन था तो मैंने रख लिया, प्लीज सॉरी"

"इस बारे में बाद में बात करेंगे"

"अरे लेकिन सुनो तो सही ना"

"अभी एक दिन और है ना आपका व्रत, बाद में बात करेंगे इस बारे में"

◖◗

तुम मुझसे थोड़ा सा नाराज हो गई क्योंकि तुमने मुझे एक रात पहले कॉल पर समझाया था कि मैं काम में रहूंगा तो ठीक से खा नही पाऊंगा, इसलिए मैं व्रत ना रखूँ लेकिन मैंने अचानक जब तुम्हे बताया तो तुम थोड़ी नाराज हो गई। हम मंदिर गए तो वहां आरती चल रही थी। वहां जाकर मैं तुम्हे थोड़ा परेशान करने लगा तो तुमने थोड़ा गुस्से में मेरी तरफ देखा। अचानक से हम दोनो को आरती करने के लिए आगे बुलाया और हम दोनो चल दिए, मेरे आरती के थाल पकड़ते ही तुमने भी वो थाल पकड़ली और हम दोनो आरती करने लगे, एक साथ। नवरात्रि में एक साथ मां की आरती करने के सौभाग्य हमें उस दिन प्राप्त हुआ जिस दिन हमें साथ में 3 महीने पूरे हुए थे। जैसे मां ने वो पल खुद ही रचा हो हम दोनो को ये बताने के लिए कि तुमपर मेरा आशीर्वाद यूंही बना रहेगा। हम दोनो ने एक साथ मां की आरती करके उनसे मांगा कि ये रिश्ता यूंही बढ़ता रहे और हम दोनो को ठीक इसी तरह एक साथ आपकी सेवा करने का मौका मिले।

वो आरती की थाल हमारे साथ में एक साथ आना एक खूबसूरत पल हमें देकर चला गया जिसमे हमने एक साथ मां की पूजा कर उनसे आशीर्वाद लिया। आरती लेते हुए तुमने उसमे जो दान दिया उसमे मेरा हाथ लगवाया जिससे कि हम दोनो की हिस्सेदारी उसमे एक जितनी हो। हम शिव मंदिर गए और रोज की तरह मैंने भगवान शिव की आराधना

करने के बाद तुम्हारे पांव छुए। मैं हर दिन तुम्हारे पांव छूता हूं और तुम कभी पीछे हटती हो तो कभी हँसने लगती हो। तुम्हारे पांव छूने के पीछे एक उद्देश्य है, भगवान शिव की आराधना करने के बाद तुम्हारे पांव छूकर मैं भगवान शिव के सामने तुम्हारा धन्यवाद करता हूं कि तुमने मुझे इस लायक समझा है कि मेरे नाम अपनी सारी जिंदगी ही कर दी है। भगवान शिव के सामने तुम्हारे पांव छूकर मैं उन्हे बताना चाहता हूं कि मुझे अपनी मां की बहु के रूप में यही कदम अपने घर में चाहिए। इन कदमों के पड़ने से मेरी जिंदगी बहुत ज्यादा ठीक है और अब भी इनकी आहट से ही दुःख मुझ से दूर भागते है। तुम्हारे पांव छूकर उस एहसास को अपने दिल में उतारना दिखाता है कि मेरा दिल तुम्हारी इतनी इज्जत करता है कि वो तुम्हारे कदमों में भी खुशी खुशी रहने के लिए तैयार है। इसीलिए मैं तुम्हारे पांव छूता हूं। वहां से निकलते हुए मैने तुम्हे खत दिया और इस खूबसूरत पल का एहसास अपने भीतर उतारकर चल दिया।

9 April 5:40

काम से फ्री होकर मै तुम्हारे पास आया और तुम मुझे आते हुए रास्ते में ही दिख गई। लाल रंग पहने हुए तुम उस गुलाब की तरह लग रही थी जिसकी महक ने मुझे महकाया है, जिसकी कोमलता महसूस करके मैं पूरी तरह से कोमल हो गया हूं। तुमसे मिलने के बाद मैं तुम्हारे साथ साथ चलने लगा और मैने तुमसे कहा,

౷

"आपने मेरे अंदर GPS लगाया हुआ है क्या, आपको पता चल गया कि मैं यहां तक आ गया"

"हां"

"उस दिन बैग को भी गले से लगा रखा था या क्या पता मेरे अंदर ही हो"

"आपके अंदर ही है"

हम दोनो मुस्कुराने लगे और चलते चलते ग्राउंड पहुंचने के बाद बैठ गए। वहां बैठकर हम दोनो इतने दिनो बाद फिर से एक दूसरे के अतीत में एक दूसरे की उंगली पकड़कर पहुंचे और वो सब देखा जो हो चुका है। एक दूसरे की मुस्कान, वो पल, सब कुछ। अचानक शादी की बात पर मैंने तुम्हे बताया कि मैं कुछ ज्यादा ही सोचता हूं और क्या क्या सोचता हूं वो सब तुम्हे बता दिया, तुमने मुझसे कहा, "सब हो जायेगा"

"वो तो बात है, बस वक्त का है थोड़ा कि इतने टाइम में मुझे घर और शहर बदलना है"

"हां, क्योंकि यहां कुछ भी नही है"

"वही तो....अब इतना तो मुझे भरोसा है कि अगर उस वक्त तक सब सही भी नही हो पाया तो हम दोनो कर लेंगे क्योंकि हमारे लिए साथ रहना जरूरी होगा"

"हांजी"

इन बातो में उलझे हुए हम वहां से उठ गए और जाकर बेंच पर बैठ गए। मैं अभी उन सब खयालों से बाहर नही आ पाया था तो मैंने अपनी बात आगे बढ़ाते हुए कहा,

"बस लगता है कुछ हो भी पाएगा या नहीं....या फिर बस सारी उम्र यही बकवास करता जाऊंगा"

"कुछ बकवास नही है, ये उतना हो तो रहा है"

"कुछ नही हो रहा है, सब जीरो है"

"शुरुआत तो जीरो से ही होती है ना तो बस लगे रहो और बाकी सब ऊपरवाले पर छोड़ दो"

ये सब बातें करते हुए तुमने मेरा हाथ थाम लिया था। मैंने आगे बात बढ़ाते हुए तुमसे कहा,

"पहले ये लगता था कि मेरी आर्थिक हालत की वजह से कोई प्यार नही करेगा मुझसे, थैंक यू फॉर लविंग "मी"

"मेरी जिंदगी में बहुत रईस लड़के आए, मतलब एक option की तरह जिनके पास बाप दादा का खूब पैसा था। कुछ तो मेरी ही caste के थे तो घरवाले शादी करने में भी नही सोचते लेकिन मुझे चाहिए था कोई आप जैसा जो सब खुद करे और मुझे मिल गया उनको जब उस पैसे की

और अपने मां बाप की कद्र नहीं है तो मेरी क्या होती"

तुम्हारी ये बात सुनकर मैं खुदको खुशनसीब महसूस कर रहा था कि अच्छा हुआ तुम्हारी सोच ऐसी है क्योंकि इसी वजह से मुझे मेरा मनपसंद जीवनसाथी मिला है। मैंने बात को आगे बढ़ाते हुए कहा,

"आप लोगो के साथ मैं हरिद्वार कैसे गया हूं मुझे ही पता है"

"कैसे?"

"बस बताऊंगा नही वरना सुनने को मिलेगी पर मैंने सोच लिया था कि जब नौकरी लग जायेगी तो आप सबको मैं लेकर जाऊंगा"

तुमने अपने हाथ से मेरे गाल दबाते हुए कहा, "कोई बात नही ना...मैंने कहा है ना आपसे कि आगे जाकर सब वसूल कर लूंगी interest के साथ"

मेरे चेहरे पर एक मुस्कान आ गई और मैंने तुमसे कहा, "हम वादा करते हैं कि आपको किसी चीज की कमी नही होने देंगे"

कुछ देर हम खामोश होकर बैठ गए, जैसे वो खामोशी हम दोनो के बीच हुई बातो से बहुत ज्यादा खुश हो और एक दूसरे के चेहरों पर एक बड़ी सी मुस्कुराहट लाए जा रही थी और हम दोनो एक दूसरे के हाथो को सहलाए जा रहे थे।

"एक सवाल पूछूं?" मैंने तुमसे कहा।

"हां"

"अगर मेरे अंदर से कविताएं खत्म हो गई, तब भी आप मुझसे इतना ही प्यार करोगे?"

"मुझे आपकी कविताओं से ज्यादा आपसे प्यार है। वो खत्म नही होगा आपके अंदर से कभी भी"

"क्योंकि मैं एक कवि हूं और आप मेरी कविता तो मेरी कविता मुझसे कहां खत्म हो जाएगी"

तुम फिर से मुस्कुराई और तुमने मुझसे कहा,

"आपको गले लगाने का मन कर रहा है"

"मेरा भी क्योंकि आ हमने serious conversation कर ली ना काफी"

मैं थोड़ी देर तुम्हे गले लगाकर उस ठंडक को महसूस करना चाहता था क्योंकि मेरे अंदर एक तूफान सा उठ रहा था जिसे शांत करने के लिए मुझे तुम्हारी बाहों की जरूरत थी, फिर भी तुमने जैसे उस तूफान को देख लिया था और तुमने अपने हाथो को मेरे हाथ में रखकर उस तूफान को कुछ शांत कर दिया था। मैंने तुमसे शरारत भरी बातें करी और उसके बाद हम दोनों वहां से चल दिए। इतने सारे लोगो के बीच तुम्हारे साथ बैठना मुझे बहुत खूबसूरत एहसास दे रहा था मैं बस सबसे कहना चाहता था कि जो तुम सोच भी नही सकते उससे कहीं आगे मुझे हमसफर मिला है। वहां से निकलकर हम तुम्हारी दोस्त के साथ टेलर के पास पहुंचे और वहां एक कोने में खड़े होकर मैंने तुम्हे थोड़ा गले से लगा लिया लेकिन फिर भी हम दोनो को ही चैन नहीं पड़ा क्योंकि लोगो का आना जाना लगातार चल रहा था जिसकी वजह से हमें अलग अलग खड़ा होना पड़ रहा था और तुम भी थोड़ा नाराज हो रही थी।पहले मैंने तुम्हारे जुल्फों के बादलों में खुदको खो दिया और उसके बाद तुम्हे करीब खींचा और तुम्हारे माथे पर अपने प्यार का एहसास दे दिया। उसके बाद तुमने भी मुझे नूर से भर दिया। वहां से मंदिर जाने के बाद तुम्हे हॉस्टल छोड़ते हुए मैं घर वापस आ गया।

12 April 5:48

दो दिन से मैं तुमसे ठीक से ठीक से मिल नही पाया था इसलिए उन दिनों के बारे में मैं कुछ लिख भी नही पाया, थकान के कारण। शाम को फ्री होकर मैंने तुम्हे कॉल किया और मिलने बुलाया तुम आधे रास्ते में मुझे मिल गई। काले रंग में तुम बिलकुल काला गुलाब लग रही थी, सुंदर और कोमल। तुम्हे लेकर मैं ग्राउंड पहुंचा और वहां घूमते हुए हम दोनो अपनी दिन भर की बातें एक दुसरे को बताने लगे। दिन भर की सारी बातें एक दूसरे को बताने के बाद हम दोनो बैठ गए और कुछ देर बात करने के बाद मैंने तुम्हे वो खत दे दिए जो मैं तुम्हारे लिए लिखकर लाया था। उन खतो को देने का एक ही मकसद था कि मैं तुम्हारे चेहरे पर मुस्कान

देखना चाहता था। मुझे तुम्हारे चेहरे पर मुस्कान सजी हुई बहुत प्यारी लगती है और उसके लिए मुझे जो कुछ भी करना होगा मैं वो सब करूंगा क्योंकि तुम उसमे बहुत खूबसूरत लगती हो और सच बताऊं तो फूल खूबसूरत हो अच्छे लगते हैं, मुरझाए हुए नही। इसीलिए मैं तुम्हारे लिए वो खत लाया तुम्हे दिए और फिर हम दोनो बातें करने लगे।वहां बैठे हुए हमें कुछ बच्चो ने परेशान किया और हम दोनो को मालूम चला कि इस दुनिया में कितनी बुराई है जो बच्चो के दिमाग में भी भर दी गई है। यहां लोगो ने कुछ सीखा ही नही और ना ही अपने बच्चो को सिखाया, सब कुछ सामने साफ साफ होते हुए भी लोग किस तरह अनजान बने रहते हैं और उनके अनजान बनने का उनके बच्चो पर जो असर होता है वो हमने देखा और उस असर को कुछ कम करने भी कोशिश की।उसके बाद हम दोनो निकल गए और रास्ते में चलते हुए मुझे यही बात खटकती रही कि आज मैं लोगो की वजह से तुम्हारा हाथ भी नही थाम पाया। इस अफसोस के साथ मैं तुम्हे हॉस्टल छोड़कर घर की तरफ चल दिया।

14 April 6:00

कॉलेज के दो दिन के टूर पर जाने की वजह से मैं एक शाम तुमसे मिल नही पाया और वहां ऐसा कोई पल नही गया जब मैने तुम्हे याद नही किया हो इसीलिए आने के बाद मैने तुमसे मिलने के लिए तुम्हे बुलाया और हम दोनो ग्राउंड चले गए। टूर की कुछ बाते एक दूसरे को बताने के बाद हम दोनो बेंच पर बैठ गए और मैने गिटार निकाल लिया। हालांकि तुमने मना भी किया लेकिन मैं इस पल को जाने नही देना चाहता था। मैने तुम्हे गाना सुनाना शुरू किया और जैसे ही मैने गाना गाते हुए तुम्हारी तरफ देखा तो मुझे अपना एक और ख्वाब मुकम्मल होता महसूस हुआ। अपने महबूब के सामने गिटार बजाकर उसे गाने सुनाने का ख्वाब। तुम्हारी आंखों में प्यार देखकर मैं रुकना नही चाहता था मैं बस सारी रात तुम्हे गाने सुनाना चाहता था, आसमान के नीचे।

लेकिन मेरा घर जाना भी जरूरी था तो तुम्हे कुछ गाने सुनाकर मैं घर की तरफ चल दिया।

15 April 5:30

ऐसा पहली बार हुआ था जब हम दोनो एक दूसरे के लिए खत लेकर आए थे। हमारे रिश्ते की यही खास बात है कि हमारे साथ कितनी ही चीज़े पहली बार हो जाती हैं हम दोनो को ही पता नही चलता और जब एहसास होता है तब चेहरे पर एक बड़ी सी मुस्कान आ जाती है। थोड़ी देर चलने के बाद हम दोनो बैठ गए और वहां तुमने वो चॉकलेट निकाली जो मैने तुम्हे 3-4 दिन पहले दी थी। हम दोनो ने मिलकर उसे खत्म किया और फिर तुमने मुझे अपना खत दिया जिसमे तुमने मेरा आभार व्यक्त किया था कि तुम किस तरह खुश हो मुझे पाकर। उसे पढ़ने के बाद मेरे चेहरे पर एक बड़ी सी मुस्कान आ गई थी मैने वो खत अंदर रखा और अपना खत बाहर निकाला। तुमने वो खत पढ़ना शुरू किया और तुम्हारे साथ मैने भी पढ़ना शुरू किया। उस खत में लिखा था कि तुम्हारे होने से मुझे मां बाप की कमी महसूस नही होती जब मैने ये सब तुम्हे समझाया तो तुमने मुझे कहा, "its distraction"

मैने तुम्हे समझाया कि तुम्हारा मेरा साथ होना और तुम्हारे साथ रहने से उनकी कमी ना महसूस होना कोई distraction नही है बल्कि एक सच है जो मोहब्बत है।

23 April 6:00

एग्जाम नजदीक होने की वजह से तुम्हारा दिमाग बहुत ज्यादा exhausted हो गया था क्योंकि तुम्हे बहुत ज्यादा पढ़ाई करनी पड़ रही थी और हम भी इतने दिनो से नही मिल पा रहे थे। जब एक दिन पहले मेरी तुमसे बात हुई तो कॉल पर बात करते हुए तुमने मुझसे कहा,

"मिलना है"

"कल मिलते हैं ना शाम को"

"ठीक है"

हम दोनो कल का इंतजार करने लगे क्योंकि इतने दिनो बाद हम दोनो एक दूसरे के साथ वक्त गुजारने वाले थे। तुम्हे कॉलेज आना था और मैं वहीं पर था तो पहले हमने एक दूसरे को देखा और एक दूसरे के हाथो को उनके घर का एहसास देकर हम दोनो अपने अपने काम करने चले गए। शाम को फ्री होकर मै तुमसे मिलने आया और मेरा चेहरा देखते ही तुम्हारी आंखों में मुझे वही चमक देखने को मिल रही थी जो मुझे हर बार दिखती है। कुछ देर बाद हम दोनो ग्राउंड में चले गए और तुमने मेरे हाथ में एक छोटा सा थैला दे दिया। मैंने देखा तो उसमे गुलाब था और साथ में एक पत्र। वो देखकर मैं कुछ बोल नहीं पाया। गुलाब के साथ पत्र देखकर मुझे उस पुराने ज़माने के प्यार की याद आ गई जो अक्सर पुरानी फिल्मों में या फिर पुराने किस्सो में सुना है। गुलाब के साथ एक छोटा सा खत पाकर मैं बहुत खुश था। मैं तुम्हे कसके गले लगाना चाहता था, तुम्हारी गुलाब सी पंखुड़ियों को चूम लेना चाहता था, तुम्हारी आंखों की गहराइयों में डूब जाना चाहता था और तुम्हारी बर्फ की पहाड़ियों पर अपने हाथो से टहलना चाहता था, लेकिन फिर मैंने खुदको समेटा और समेटकर उस पल में वापस आया जिसमे तुम मुस्कुराती हुई मेरे साथ मेरे बराबर में चल रही थी। मैंने तुम्हारे सर पर हाथ रखा और तुम्हे ये समझाने की कोशिश की.... कि मैं तुम्हारे माथे को चूम लेना चाहता हूं। तुमने ये गुलाब देकर मुझे फिर से उस कोमलता से भर दिया है जिससे तुमने मुझे पहली बार छूकर भरा था। इसमें वही एहसास है जो तुम्हारे हाथो में है और इसे छूकर मैं तुम तक पहुंच जाता हूं। हम दोनो बैठ गए और तुमने मुझे बताया कि मुझे एक गुलाब देने के लिए तुमने कितनी ज्यादा मेहनत की।

"मैंने तो सोच लिया था.... कि चाहे खरीदकर देना पड़े लेकिन आज देना ही है"

ये सुनकर मेरे चेहरे पर सिर्फ एक मुस्कुराहट आई थी और मेरे अंदर कई सारी बातों का एक बड़ा का पिटारा खुल गया था जिसमे बातें थी कि

ये लड़की मेरे लिए कितनी पागल है, ये लड़की मुझे चाहती है, ये लड़की जिसकी अपनी मुसीबतें ही कई सारी हैं ये उनसे निकलकर मेरे लिए इतना सब कर रही है। ना जाने कितनी सारी बातें मेरे जेहन में आ रही थी। फिर तुमने वो गुलाब निकालकर मुझे अपने हाथो से दिया...तुम्हारे हाथो से वो गुलाब पाकर लगा कि जैसे वो गुलाब अब जी उठा हो। तुम्हारे छूने से पहले वो एक मामूली कली थी लेकिन तुम्हारे छूने के बाद ही वो जैसे फूल बना हो। उसकी जो कोमलता है वो तुम्हारे छूने से कई हजार गुना बढ़ गई हो और तुम्हारी आंखों ने उसे एक नूर से भर दिया हो। तुमसे वो गुलाब लेकर मैने बैग में रखा और हम दोनो बातें करने लगे। इतने दिनो के बाद तुमसे दिल के हाल कहना मुझे बहुत ज्यादा सुकून दे रहा था और मेरी बढ़ती हुई धड़कनों के साथ बढ़ते हुए खयालों को एक आरामदायक एहसास दे रहा था। तुमसे बहुत सारी बातें करने के बाद हम दोनो चल दिए और उस गुलाब की कोमलता को बैग में रखकर मैं घर लौट आया।

❦

कुछ दिनों से मैने कुछ नही लिखा, हम रोज मिले हमने बातें की...हम में कुर्बतें बढ़ीं लेकिन मैं कुछ लिख ही नही पाया। तुम तो जानती हो कि इन दिनों मेरा हाल कैसा है। सारी दुनिया से छुपाकर मैने जिस आईने को अपने सबसे करीब रखा है वो तुम ही तो हो। उस आईने को वो राज भी पता हैं जो मुझे भी नही पता। हालांकि मुझे लिखने की जरूरत नही है कि इन दिनों मैं कुछ लिख नही पाया लेकिन फिर भी मैं लिख रहा हूं सब कुछ, क्योंकि इस किताब में तुम्हारे और मेरे वो पल हैं जो हमारे अलावा किसी को नही पता तो इस किताब में इन लम्हों का होना भी जरूरी है। तुम हमेशा से ही मेरे लिए उस हथेली की तरह रही हो जो आसमान से गिरते हुए पंख को पकड़ लेती है और उसे अपनी लकीरों के बेड पर सुला देती हैं आराम देने के लिए। तुमने मुझे इसी तरह कई बार संभाला है। मैने सुना था कि आमतौर पर लड़कियों को वो लड़के पसंद नही आते जो हार मान रहे होते हैं या हार मान चुके होते हैं लेकिन जब

भी मैं कभी खुदको ऐसा महसूस करता हूं तो मैं तुम्हे अपने सबसे करीब पाता हूं, जैसे तुम मेरी जिंदगी में इन्ही पलो के लिए आई हो.... कि तुम मुझे उस वक्त अपने हथेली की लकीरों पर सुलाओ जब मैं टूटकर नीचे गिर रहा हूं....धीरे धीरे। 10 दिन हो चुके हैं, और अब तक मैने कुछ नही लिखा...तुम्हारे एग्जाम की डेट शीट आ चुकी है तुम 2 महीने बाद यहां से जाने वाली हो और मैं बस इन सब बातो को अपने जेहन में दबाए अपनी दिनचर्या में उलझा पड़ा हूं।

आज(24 अप्रैल) को जब मैं ये सब लिख रहा हूं तो मुझे महसूस हो रहा है कि ये सब लिखना....मुझे इस दुनिया से दूर कहीं सुकून भरे बादलों के बीच पहुंचा देता है जहां मैं, तुम और ये शब्द होते हैं हमारे आस पास। जहां दुनियावालो की खराब नजरें हमारे रिश्ते पर नही पड़ती, जहां हम बंदिशों से आजाद होते हैं,जहां तुम मेरी आंखो में और मैं तुम्हारी आंखों में बैठ जाता हूं। इतने दिनो से...मैने कुछ भी नही लिखा लेकिन अब मैं फिर से हमारी मुलाकातों को शब्दो में पिरोने जा रहा हूं। चाहता हूं कि तुम मेरा माथा चूमकर मुझे हिम्मत दो लेकिन कोई बात नही...मैं तुम्हारे खयाल लाकर ही तुम्हे महसूस कर लेता हूं और मेरे हर हिस्से को जरूरत से ज्यादा खुशी मिल जाती है।

୦ର

24 April - 28 April

इन चार दिनों में हमने खूब सारी बातें की और मेरा मन यही किया कि मैं उन सबको अलग अलग ना लिखकर एक साथ लिखूं। वैसे भी तुम जानती तो हो कि मुझे वक्त भी काफी कम मिलता है इसलिए इन सब दिनों को मैं एक साथ लिख देना चाहता हूं। इन दिनों मैने तुमसे अपनी आगे की जिंदगी के बारे में बातें की और हमारे भविष्य से जुड़ी हुई कई सारी बातों को सही से समझने और तुम्हे समझाने की कोशिश की। हमारे रिश्ते की एक खास बात ये भी है कि हमें एक दूसरे को समझने में उतना समय लगता ही नहीं है और कई बार तो सिर्फ आंखो से बात

समझ ली जाती है। अगर मैं एक तरह से कहूं तो ये छोटी छोटी कड़ियां ही हमें जोड़ती हैं और हमारे इस रिश्ते को मजबूत करती हैं। हमारी देर रात की कॉल्स ने हमें बहुत करीब ला दिया है। इतना करीब कि जैसे हम दोनो के बीच अब कोई पर्दा ही नही है और कितनी कमाल की बात है ना कि ये इतना ज्यादा खूबसूरत है जो हमने सोचा भी नही है तो जब ये असल में होगा तो कितना ज्यादा खूबसूरत होगा हम इसकी कल्पना भी नहीं कर सकते हैं। इस प्रेम के एहसास को हम दोनो ही बराबर जीते हैं और हम दोनो की हिस्सेदारी एक जैसी होने की वजह से वो पल नायाब हो जाते हैं। मुझे ये विश्वास है कि हम दोनो पूरी जिंदगी इस रिश्ते में ये पल जोड़ते रहेंगे।

29 April 6:15

मैने निकलने में थोड़ी देर की और रास्ते में फोन चलाते हुए आने की वजह से मैं देर से पहुंचा और तुम मुझसे पहले ही ग्राउंड के बाहर पहुंच चुकी थी। मैं थोड़ा भागने की वजह से थका हुआ था और तुम्हे देखते ही मेरी बढ़ती धड़कने जैसे एकदम शांत सी हो गई थी...बिलकुल राहत के साथ।

"अरे भागो मत, मुझे पता था आप ऐसे ही आओगे इसलिए मैं चलकर आ रही थी"

"हांजी वो आज हम लेट हो गए ना"

तुमने मुझे देखा और एक दूसरे का साथ पाकर हम दोनो ग्राउंड में पहुंच गए। बैठते ही तुमने जेब से चॉकलेट निकाली और मुझे थमा दी। हम दोनो ने आज तक एक दूसरे को सिर्फ "Kit - Kat" ही दी है, अगर हम देखें तो ये भी इस रिश्ते की एक अनोखी बात है। मैने तुम्हे चॉकलेट खिलाई और तुमने मुझे फिर तुम मुझे धीरे धीरे करके सारी बातें बताने लगी और मैं उन्हे ध्यान से सुनकर अपने भीतर उतारता रहा। मैने भी तुमसे दिन भर की सारी बातें की और खुदको बहुत हल्का महसूस किया। बैठने के कुछ देर बाद मैने तुम्हारे पैरो पर हाथ लगाकर अपने दिल पर लगा लिया और तुम मुझे नादानी भरे गुस्से से देखने लगी क्योंकि तुम्हे

मेरा तुम्हारे पैर छूना बिलकुल पसंद नहीं। अगर मैं तुमसे पूछूंगा कि तुम्हे मुझमें क्या पसंद नही है तो पक्का तुम यही कहोगी कि आपका मेरे पैर छूना। दरअसल तुम्हारे पैरो को छूना एक बहुत पवित्र एहसास होता है और इस पवित्रता को मैं एकदम अपने हृदय में उतार लेता हूं। कुछ देर वहां बैठकर हम दोनो उठकर चलने लगी और हॉस्टल की तरफ जाते हुए मैं तुमसे शरारत भरी बातें करने लगा।जब मुझे मंदिर दिखा तो मैने तुम्हे वहां चलने के लिए पूछा और हम दोनो चल दिए। भगवान शिव के स्थान पर पहुंचने के बाद जब मैंने उन्हे नमन किया तो तुम दीवार से चिपक कर खड़ी हो गई क्योंकि तुम्हे एहसास हो गया था कि मैं तुम्हारे कदम छूने वाला हूं। मैंने फिर से तुम्हारे पैरो को भगवान शिव के सामने छुआ और उस एहसास को अपने दिल में लगा लिया।

कुछ दूर चलकर तुमने मेरा हाथ थामा और हम दोनो चलते रहे। मैं बिलकुल वैसे ही तुम्हारे साथ जिंदगी भर चलना चाहता हूं। तुम्हारा हाथ थामकर एक सुकून का एहसास करते हुए बिलकुल शांति से। हम हॉस्टल के बाहर पहुंचे और तुम्हे गले से लगाकर मैं वापस आ गया।

30 April 6:30

परफॉर्मेंस की वजह से मुझे आने में देर हो गई और तुम्हे भी अपनी दोस्त के लिए गिफ्ट लेने जाना था तो हम ज्यादा देर के लिए नही मिल पाए लेकिन हम दोनो को एक दूसरे को देखना था तो हमारा मिलना भी जरूरी था। तुम मेरी तरफ आ रहीं थी और मैं तुम्हारी तरफ आ रहा था ऐसा लग रहा था जैसे हम दोनो एक दूसरे की तरफ बहुत तेजी से आ रहे हैं और कसके एक दूसरे को गले लगा लेना चाहते हैं। फिर हम दोनो मिले और साथ में घूमने लगे। मैंने तुमसे पूछा कि तुम्हे मेरा परफॉर्मेंस कैसा लगा था और हर बार की तरह तुमने इस बार भी कहा "बहुत ज्यादा अच्छा" तुम्हारे साथ साथ चलते चलते मैं बहुत खुश था। हम दोनो एक चक्कर के बाद निकल गए और बाहर तुम्हारे दोस्तो के साथ खड़े रहकर तुम जाने लगी। जाने से पहले तुमने मुझे गले लगाया और रिक्शा में बैठकर तुम चली गई।

मैं पीछे से मुस्कुराता हुआ तुम्हे देख रहा था लेकिन रिक्शा में देखने की जगह नही थी तो अगर तुम मुझे देखने की भी कोशिश करती तो शायद वो भी एक तरह से नाकाम ही होती। थोड़ी देर बाद तुम आंखो से ओझल हो गई और मुझे खयाल आया है कि मुझे तुम्हारा माथा चूम लेना चाहिए था क्योंकि बहुत दिनों से मेरे होंठो को आराम नही मिला और ना ही मैने कई दिनों से तुम्हारे माथे को अच्छे से छुआ है मैं पूरे रास्ते यही सोचता रहा कि मुझे तुम्हारे माथे को चूमना चाहिए था लेकिन ऐसा हो नहीं पाया और अपनी ये अधूरी ख्वाहिश लेकर मैं लटके हुए चेहरे के साथ घर आ गया।

4
May

⁂

1 May

हमारा रिश्ता जनवरी में शुरू हुआ था और हम दोनो मई के महीने तक आ गए थे। ये सफर जितना लंबा रहा है उतना ही अनुभवी भी। हमने बहुत कुछ साथ में सीखा और बहुत कुछ एक दूसरे को भी सिखाया और अगर सच कहूं तो मैंने जितना तुमसे सीखा, उतनी चीज़े शायद कोई सीखा ही नही पाता। इस महीने के साथ ही हम दोनो को साथ में 4 महीने हो जायेंगे और उससे ज्यादा जरूरी हम दोनो के लिए कुछ नही होगा। हमारी जोड़ी उस दिन ही बन गई होगी जिस दिन हम दोनो अनजाने में एक दूसरे के बगल में बैठ गए थे। उसके बाद अगर मैं हर कड़ी को जोड़ता हुआ चलूं तो हर एक पल हम दोनो के बीच करीबियों को बढ़ा रहा था और ये उन पलो की साजिश कहूं या मेहनत....खैर जो भी है, बहुत खूबसूरत है क्योंकि मुझे इस दुनिया की सबसे ज्यादा प्यारी लड़की मिली है। उन कड़ियों ने खुदको करीब लाकर हम दोनो को इतना करीब ला दिया है कि जैसे अब एक दूसरे के बिना एक पल भी मुश्किल है और बिना परदे के दो रूह एक दुसरे के हवाले हुई पड़ी हैं।

ये सब एहसास मेरे दिल मे बार बार उठ रहे थे और उन्होंने एक बेचैनी सी बना दी थी, इसलिए मैं तुम्हे बस एक दफा देखने के लिए तरस रहा

था और मैंने तुमसे कॉल करके पूछा तो तुम busy होने की वजह से नही आ पाई। पूरे रास्ते मैं मुंह लटकाए बस गाने सुनता रहा लेकिन जब मैं घर आया तो मैंने सोचा कि समझदारी भी उसी में थी।

3 May 5:45

मैंने तुम्हे मिलने के लिए बुलाया और तुम आने लगी। मुझे तुम्हे चॉकलेट देनी थी तो मैं थोड़ा आगे गया और दुकान के सामने से तुम मुझे निकलती हुई दिखीं। मैंने ग्राउंड तक तुम्हारा पीछा किया और वहां जाकर तुमने जैसे ही मुझे पीछे देखा तुम पूछने लगी,

"आप यहां से कैसे"

"बताएंगे अभी"

ये कहकर मैं तुम्हारे साथ चलने लगा। धूप की वजह से हम ग्राउंड में नही बैठे, वहां बनी बेंच पर बैठ गए। तुम्हे पसीना काफी आ रहा था तो तुम उसे पोछने में लगी हुई थी और मैं तुमसे अपनी दिन भर की बातें कहने में लगा हुआ था। मैंने तुम्हे खत दिया जो मैं तुम्हारे लिए लिखकर लाया था और खत पढ़ते हुए तुम हर बार की तरह मुस्कुराने लगी। जब तुम्हारी नजरें शब्दो का पीछा कर रहीं थी तो उस दौड़ में तुम्हारे होंठ धीरे धीरे मुस्कुराहट से बड़े हो रहे थे। तख्त पढ़ने के थोड़ी देर बाद हमने कुछ बातें की और तुमने मुझसे कहा,

"20 को हम मूवी देखने जा रहे हैं और आप भी चल रहे हैं"

"अरे वाह, मुझे वैसे भी आपके साथ मूवी देखने जाना था"

मैंने तुम्हारी तरफ देखा और थोड़ा सा मुस्कुराने लगा क्योंकि प्यार में साथ में मूवी देखना बहुत जरूरी होता है और मैं तुम्हारे साथ ये मौका छोड़ना नही चाहता था। जब मैंने खुद तुमसे ये कहा था तो तुमने मुझे मना किया था क्योंकि वो पिक्चर तुम्हे समझ नही आ रही थी लेकिन इस बार जब तुमने खुद कहा तो मैं खुश हो गया और बेसब्री से 20 तारीख का इंतजार करने लगा। वहां थोड़ी देर बैठने के बाद हमने तस्वीरें ली और चॉकलेट खाने लगे। तुमने मेरे गालों को अपने हाथ के बीच में लिया और तुम प्यार जताने लगी। तुम्हारा ये तरीका मुझे बहुत प्यारा लगता

है और मैं हर बार इसी तरीके का इंतजार करता हूं कि तुम कब मेरे गालों को छुओगी और मैं कब खुदको एक ऐसी दुनिया में महसूस करूंगा जहां सिर्फ कोमलता है। बहुत सी बातें और एक दूसरे को महसूस करने के बाद हम दोनो घर की तरफ चल दिए।

5 May 6:20

बारिश की वजह से हम 4 तारीख को नही मिल पाए तो एक दिन के अधूरी तड़प और एक दुसरे को आराम देने के लिए हम अगले दिन मिले मैने तुम्हे सामने से आते हुए देखा और थोड़ी तेज चलने लगा। तुमसे हाथ मिलाने के बाद हम दोनो ग्राउंड में अंदर की तरफ चल दिए और चलते हुए एक दूसरे से दिन भर सारी बातें करने लगें। हम दोनो अपनी सारी बातें एक दुसरे को बता देते हैं जैसे एक दिन की जगह हम अपने दिल में खाली कर रहे हो उसे दूसरे दिन भरने के लिए और फिर हम जब मिलते हैं तो अपना दिल फिर से एक दिन खाली कर देते हैं। थोड़ी देर बाद हम बेंच पर बैठे और बातें करने लगे, तुम कुछ कह रहीं थी और मैं बार बार तुम्हारे होंठो की तरफ देख रहा था...उन्हे देखकर खुदको आराम दे रहा था। असल में इतने दिनो की तड़प अब मुझसे सही ही नही जाती इसलिए मैं बस तुम्हारे होंठो पर अपने होंठ रख देना चाहता हूं। जब मैं तुम्हारे होंठो को देख रहा था तो मेरे मन में हर सेकंड यही खयाल आया कि मैं तुम्हारे होंठो पर अपने होंठ रख दूं लेकिन मैं ऐसा कर नही सकता था और यही मलाल मुझे खाए जा रहा था फिर आखिर मैने अपनी आंखें तुम्हारे होंठो से हटा ली और खुदको समझाया कि ये सही समय इन सबके लिए सही नही है।

मैने अपनी नजरें हटायीं और फिर तुम्हे दोबारा देखने लगा। कुछ देर बातें करने के बाद हम दोनो वहां से उठकर चलने लगे। शाम के ढलने के साथ साथ ही हम दोनो भी एक दूसरे में ढलते हुए घर की तरफ बढ़ रहे थे। ग्राउंड में घूमते हुए हम दोनो बाहर निकल गए और रास्ते में मंदिर पहुंचे। मैं चाहता था कि भगवान शिव के मंदिर में मैं तुम्हारे माथे पर होंठ रखकर उस एहसास को अधिक ज्यादा पवित्र कर लूं। मैने तुम्हारे माथे

को चूमा और बाहर आते हुए तुम्हारे सर पर हाथ रखकर तुम्हे बताया कि मैं यहीं तुम्हारे गले लगना चाहता हूं और फिर उसके बाद तुम्हारे माथे पर खूब प्यार से अपने होंठ रख देना चाहता हूं। तुम जैसे ये समझ गई और मुस्कुराने लगी। मंदिर से बाहर निकलते हुए कुछ दूर जाकर तुमने मेरा हाथ थाम लिया और कसके मेरे हाथो को चूम लिया। मैं बस मुस्कुरा रहा था और तुम्हारा हाथ बिलकुल भी छोड़ना नही चाहता था लेकिन तुमने मुझे समझाया कि हम सड़क पर हैं तो इस तरह से चलना ठीक नही हैं। मैंने तुम्हारी बात मानी और हम दोनो हॉस्टल के बाहर पहुंच गए, तुमसे अपने प्यार का इजहार करते हुए मैं घर की तरफ चल दिया।

इन सबसे पहले तुमने मुझे एक वाइस नोट में बताया था कि तुम्हारी नौकरी के लिए भी तुम्हारे पास अभी वक्त है। मैं बस तुमसे यही कहना चाहता था कि तुम्हारे अंदर बहुत दृढ़ निश्चय है और तुम अगर इसी तरह मेहनत करती रहोगी तो वो पल दूर नही जब तुम्हारा सपना भी सच हो जायेगा। तुम्हारे चरित्र में ये साफ साफ दिखता है कि तुम सुंदर और सुलझी हुई लड़की हो। आत्मविश्वास के साथ साथ तुम्हारे अंदर समझदारी भी पूरी है और उसी का असर है कि तुम चीजों को बिल्कुल ध्यान से और अच्छी तरह पूरा करती हो।जो भी इंसान तुमसे मिलता है वो तुमसे प्रभावित हो जाता है क्योंकि तुम्हारे चरित्र में ही इतनी रोशनी है कि जो भी उसके पास आता है वो चमकने लगता है और तुम्हारा प्रभाव उसपर जिंदगी भर रहता है। तुमने मुझपर भरोसा करके अपना चरित्र मुझे सौंपा है ये कहकर कि "आपके पास वो सुरक्षित रहेगा" मेरा वादा है तुमसे कि मैं उसे हमेशा इसी तरह रोशन और सुंदर बनाए रखूंगा। तुम्हारे अंदर बहुत जज्बा है और इसी जज्बे की वजह से तुम्हे अवसर मिलते हैं। बस तुम्हे हर अवसर को अच्छी तरह इस्तेमाल करना है जैसे तुम हर बार करती हो और सपनो को हासिल करने की इस लंबी दौड़ में आगे बढ़ते ही जाना है। इतना सब कंधो पर होकर भी तुम्हारे कदम अपनी राह में बिल्कुल सीधे होकर चलते हैं, मुझे विश्वास है कि ये सारी उम्र ऐसे ही चलते रहेंगे।❤

तुम्हे तुम्हारा मुकाम पाने से कोई नही रोक सकता

8 May 6:00

हम दोनो को साथ में 4 महीने हो गए। पता भी नही चला कि ये वक्त कितना जल्दी और कितने प्यार से बीत गया। तुम्हारे साथ बिताया हुआ एक छोटा सा पल मुझे सुकून दे जाता है लेकिन तुम्हारे साथ वक्त जैसे बहुत तेज भागता है, ये बड़े बड़े लम्हों को भी छोटा कर देता है और मुझे अफसोस दे जाता है। मैंने तुम्हे पाया है....ये मेरे लिए सबसे ज्यादा एहम है और इससे ज्यादा मेरे लिए कुछ भी जरूरी नहीं है कि तुम मेरी हो। मैं फोन चलाता हुआ आ रहा था तो तुमने मेरी एक छोटी सी वीडियो बना ली और तुम्हे देखकर मैं अपना चेहरा छुपाने लगा। उसके बाद हम दोनो आगे बढ़े और ग्राउंड पहुंचे, चलते हुए तुमने अपना मास्क उतारा और मेरे दिल ने वक्त का ठहरना महसूस किया। तुम्हारे चेहरे की रौनक अनन्य थी और मैं बस तुम्हे सामने बिठाकर तुम्हे थोड़ी देर देखना चाहता था। मुझसे रहा नही गया तो मैं तुम्हारे कान के पास आया और तुमसे कहा,

"You are looking beautiful"

तुम सच में बहुत खूबसूरत लग रही थी। इतनी ज्यादा कि मैं बस ऊपरवाले का शुक्रिया किए जा रहा था कि उसने मुझे कितना खूबसूरत हमसफर दिया है, जिसकी वजह से मेरा हर दिन है। आगे चलकर हम दोनो बैठ गए और दिन भर की सारी बातों को एक दूसरे के सामने रखने लगे और हम दोनो ही एक दूसरे की बातो को समेटकर अपने दिल में रखने लगे। तुम बहुत सुंदर लग रही थी तो मैंने तुमसे तुम्हारी फोटो लेने के लिए तुम्हारा फोन लिया। फोटो बनाने की सोच लेकर पता नही क्यों मैं तुम्हारी वीडियो बनाने लगा। मैं गाना गाते हुए तुम्हारी वीडियो बना रहा था और तुम शर्माए जा रही थीं, तुम्हे इतना शरमाते हुए देखकर मेरे दिल को बहुत सुकून मिल रहा है क्योंकि वो तुम्हारा सबसे अनमोल गहना है और उसमे तुम सबसे नायाब लगती हो। उसके बाद मैंने तुम्हारा हाथ थामकर पहले खुदको सुकून दिया फिर तुम्हारी वीडियो बनाने लगा।

उन पलो को freeze करके फोटो में कैद करने के बाद हम दोनो चल दिए और घूमने लगे। तुमने मुझसे कहा,

"आज मैं आपको छोड़ने चलूं?"

"नही"

"प्लीज"

"नही"

"प्लीज, प्लीज, प्लीज" तुमने मासूम सी आवाज में कहा।

"ठीक है, एक और राउंड लेकर चलते हैं"

❦

हम फिर से ग्राउंड में चलने लगे और मैं तुम्हे देखने लगा, आंखो में प्यार...दिल में सुकून और मौसम में खुबसूरती। सब एकदम शानदार था और इन सबके बीच मैं बस तुम्हे ही देखे जा रहा था। राउंड लेने के बाद हम दोनो महावीर चौक पहुंचे और मुझे छोड़कर तुम वापस आ गई और तुम्हारी मासूम सी हंसी को अपनी आंखो में कैद करके मैं घर आ गया।

9 May 6:05

मैने तुम्हे बताया कि क्लास में मेरी रैंक थर्ड नही सेकेंड आई है तो तुमने ग्राउंड से पहले मुझे एक आइस क्रीम की दुकान के पास बुलाया और आइसक्रीम लेकर हम दोनो बैठ गए। आइसक्रीम खाते हुए तुमने कहा,

"ये आपकी परफॉर्मेंस के लिए, आप थर्ड नही second आए हैं ना"

"मुझे पता ही था ऐसा कुछ होने वाला है"

"हां तो"

मैं तुम्हे बहुत गौर से देखने लगा और सोचने लगा कि ऊपरवाले ने मुझे कितना प्यारा हमसफर दिया है जैसा मुझे क्या हर किसी को चाहिए होता है, जो गलतियों पर सही रास्ता दिखाता है और सही रास्तों पर चलने पर प्रोत्साहित भी करता है। मैं तुम्हे पाकर बहुत खुश हूं, तुम्हारी तरफ से की गई हर छोटी कोशिश मेरी जिंदगी में एक बहुत बड़े प्यारे

एहसास के साथ खूबसूरत पल बना देती है।

आइसक्रीम खाते हुए हम दोनो एक दूसरे को देखे जा रहे थे। तभी मैने अपना मुंह थोड़ा साफ किया और तुम्हारे माथे पर अपनी मोहब्बत का एहसास देने के लिए तुम्हे करीब खींचा लेकिन तुमने अपनी गुलाब की कोमल पंखुड़ियों जैसे होंठ मेरे होंठो पर रख दिए और उस एक सेकंड में मैने वो पा लिया जिसकी तलाश मैं 1 महीने से कर रहा था, तुम्हारे होंठो का कोमल एहसास। मैने तुम्हारे माथे पर अपने प्यार का एहसास दिया और हम दोनो एक दूसरे को देखकर मुस्कुराने लगे। हमारे होंठो का मिल जाना हमारे लिए बहुत ज्यादा खुशी का एहसास था क्योंकि लगभग एक महीने से हम दोनो ये सुकून तलाश रहे थे और इसका मिलना हमारे लिए ऐसे थे जैसे कुछ अधूरा सा एहसास पूरा हो गया हो। हम दोनो के दिल में सुकून था, आंखो में ठंडक थी, चेहरे पर रौनक थी और होंठो पर एक प्यारी सी मुस्कान। उसके बाद जब तुम उठकर टिशू पेपर लाई तो तुमने मेरे दोनों गालों को अपने एक हाथ से पकड़ा और फिर से अपने होंठ मेरे होंठो पर रख दिए। तुम हमेशा मुझसे कहती हो कि तुम्हे ये करना बहुत ज्यादा खूबसूरत लगता है और जब तुम मेरे दोनो गालों को अपने हाथो से पकड़कर मेरे होंठो पर अपने होंठ रख देती हो तब तुम मुझे सुकून तो देती ही हो और साथ में ये भी बताती हो कि मुझपर सिर्फ और सिर्फ तुम्हारा ही अधिकार है, वो भी पूरी तरह से। मेरा हर एक कतरा सिर्फ तुम्हारा ही है और तुम्हे इस बात पर जितना गर्व है वो तुम मेरे होंठो को छूकर मुझे बता देती हो। इतने दिनो बाद हम दोनो पूरी तरह से मिले थे और हर बार की तरह इस बार भी हमारे मिलने से....ये मौसम, ये हवाएं, ये रास्ते और ये पेड़ खुश हो गए होंगे। हमारे होंठो के मिलने से जितनी ठंडक हमें मिल रही थी उतनी ही सूरज भी महसूस कर रहा था इसलिए उस शाम सूरज कुछ जल्दी ढलता हुआ महसूस हो रहा था और उसके घुलने के साथ - साथ तुम मुझ में घुलती जा रहीं थी और मैं तुम्हारे भीतर धीरे धीरे उतर रहा था। हम दोनो इस प्यार के एहसास में एक सुकून महसूस कर रहे थे और साथ में महसूस कर रहे थे प्रेम, अनन्य प्रेम।

13 May 6:20

तुम्हे सामने से आता हुआ देखकर मेरे चेहरे पर मुस्कान आ गई और दिन भर की थकान जैसे एक झटके में ही उतर गई। तुम्हारा एग्जाम था तो हम दोनो एक कोने में खड़े हो गए और बातें करने लगे। तुम्हारे दोस्त आ रहे थे तो तुमने मुझसे कहा, "चलिए" और तुमसे हाथ मिलाकर उस सुकून को अपने भीतर उतारकर मैं चल दिया। उसके बाद शाम को मैं तुमसे मिलने आया, तुम मेरे पास आई और हम दोनो घूमने निकल गए। उन गलियों में घूमते हुए हम दिन भर की सारी बातें एक दुसरे को बताने लगे और हम दोनो का दिल धीरे धीरे हल्का होने लगा। एक दूसरे को रोज देखना, हमारे बहुत से मलाल दूर कर देता है और हमारे दिल में एक सुकून रहता है कि हम दोनो ने एक दूसरे को देखा है। चलते चलते मैं तुम्हे एकटक देखने लगा और उसके बाद मैंने तुमसे कहा,

"आपको इसलिए देखता हूं जिससे कि घर जाते हुए वो पल मेरे दिल में रहे जिसमे मैंने आपको लगातार देखा है"

तुम मुस्कुराने लगी। मैंने अपनी बात को आगे बढ़ाते हुए कहा,

"मन करता है कि आप बस साथ ही रहे मेरे, पूरा दिन आपके लगे लगता रहूं। रात को सोते हुए आप मेरे साथ ही हो"

"छत पे?" तुमने थोड़ा अजीब मुंह बनाते हुए कहा।

"हांजी, छत पर बस हम रोमांटिक नही हो पायेंगे क्योंकि awkward लगेगा लेकिन सो तो सकते हैं ना"

"फिर सोएंगे नही, मच्छर मार रहे होंगे"

"हवा बहुत बढ़िया लगती है रात को" मैंने कहा।

"नही फिर भी सोएंगे तो नही" तुमने कहा।

"चलिए फिर रात को सितारे देखेंगे"

"हां वो सही है"

ये सब बातें करते हुए हम दोनो आगे बढ़ते जा रहे थे और शाम ढलती जा रही थी। घूमते घूमते जब वापस जाने का समय हुआ तो तुम्हारे पैरो में दर्द होने लगा, मैंने तुमसे पूछा तो तुमने मना कर दिया। हॉस्टल की तरफ बढ़ते हुए तुमने मेरा हाथ थामकर जैसे मुझे महसूस किया और उस एहसास को अपने जेहन में उतारा। मैंने तुम्हारी तरफ देखा और कहा,

"I love you"

तुमने मुस्कुराते हुए कहा, "I love you too"

हॉस्टल के बाहर जाकर जब तुमसे सेहन नही हुआ तो तुमने पैरो को थोड़ा मोड़ा और मुझे तुम्हारे चेहरे से पता चल गया कि तुम्हारे पैरो में दर्द है। तुम्हे दर्द में देखकर मुझे बिल्कुल भी अच्छा नहीं लगा, अपनी जिद की वजह से मैंने तुम्हे ज्यादा चलावाया और तुम्हारे पैरो में दर्द करा दिया। तुम्हे आराम करने की सलाह देकर मैं अफसोस के साथ घर की तरफ चल दिया।

14 May 4:00

तुमने मुझे कॉल पर बताया कि तुमने दीदी को हमारे बारे में बता दिया है और उनसे बात करने के बाद मुझे ऐसा महसूस हुआ ही नही कि मैं उनसे पहली बार मिल रहा हूं। उन्होंने शाम को हम दोनो को मिलने के लिए बुलाया और हम दोनो उनसे मिलने के लिए पहुंचे। वहां जाकर मै तुम्हारे साथ सुकून महसूस कर रहा था और मेरे दिल को आराम मिल रहा था कि तुम यहां हो। तुम्हारी सुंदरता देखकर मुझे खुदपर गुरुर हो रहा था कि ये लड़की जो यहां सबसे ज्यादा सुंदर लग रही है ये मेरी हमसफर है। कुछ देर बाद दीदी आई और हम सब बातें करने लगे। जिंदगी की, कविताओं की और प्रेम की बातें। वो बातें बहुत ज्यादा अनमोल थी कि उन्हें करते हुए हम सब मुस्कुराए जा रहे थे। उन्होंने तुम्हारी बहुत तारीफ की और मैंने खुशनसीब महसूस किया कि मेरा हमसफर इतना नायाब है। वहां बैठे हुए हम दोनो एक दूसरे के हाथ थामे हुए थे और उनसे बातें कर रहे थे। बातो बातो में उन्होमे कहा,

"तुम दोनों की chain भी same ही है"

हमने देखा और एक दूसरे को देखकर मुस्कुराने लगे क्योंकि ये आज तक हमने भी महसूस नही किया था कि हम दोनो की chain भी एक जैसी ही है। वहां बैठे बैठे मैंने थोड़ा नीचे झुककर तुम्हारे पैर छुए और पता नही कैसे उन्हे पता चल गया। उन्होंने मुझसे कहा, "छू लिए पैर"

"हांजी, अच्छा लगता है।"

जब उन्होंने ये सब कहा तो तुम शरमाने लगी और तुम्हारी आंखें ऊपर उठी ही नही। वो और मैं बातें किए जा रहे थे और तुम बीच बीच में मुझे परेशान करने में कोई कसर नहीं छोड़ रही थी। चलने से कुछ समय पहले हम एक दूसरे के करीब आकर तस्वीरें ले रहे थे तभी तुमने अपने हाथ से मेरे दोनो गालों को पकड़ा और मैंने तुमसे कहा,

"यहां नही"

तुम्हारी आंखों में मैं वो प्यार देख सकता था जो उमड़कर मेरे होंठो पर आने के लिए बेसब्री से तैयार था और जब मैंने रोका तो वो एकदम से रुक गया। तुमने ऊपर की तरफ देखा और हम दोनो ने ही अफसोस महसूस किया। वहां से निकलते हुए दीदी ने मेरी तारीफ की और हम आइसक्रीम खाने चल दिए। आइसक्रीम वाली दुकान पर पहुंचने के बाद मैं अंदर बैठ गया और तुम आइसक्रीम लेकर आईं। मैं बैठा हुआ था और तुम्हे अपने पास खड़ा हुआ देखकर मैंने तुम्हारे सीने से अपना सर लगा लिया और आंखें बंद कर ली क्योंकि मुझे सुकून की तलाश थी। अब मैं बुरी तरह से थक चुका था। हमें इस तरह देखकर दीदी ने कहा,

"अरे, ये इमोशनल भी होता है",

"हांजी, कभी कभी"

जब दीदी को वो सब पसंद नही आया तो उसे बदलने के लिए वो खुद चली गई और मैंने तुम्हे गले से लगा लिया। लगभग 1 महीने के बाद मैंने वक्त को फिर से थमते हुए देखा और उसे थोड़ी देर और रुकने की गुजारिश की। हम दोनो ने एक दूसरे को कसकर पकड़ा हुआ था क्योंकि हम दोनो की ही रूहें एक दूसरे के लिए बेचैन थी। उस सुकून को पाने के लिए जो 1 महीने पहले महसूस किया था, अब हम दोनो थक चुके थे...इन बाहों को हिम्मत की, आंखो को जुनून की और दिल को सुकून की बहुत ज्यादा जरूरत थी इसलिए हमारा गले लगना इतना ज्यादा जरूरी

था कि हम दोनो एक दूसरे से दूर नही होना चाहते थे क्योंकि जब कोई चीज़ देर में मिलती है तो उसे देर तक महसूस करने का दिल करता है। गले लगने से पहले जब मैं तुम्हारे सीने से सर लगाए हुए बैठा हुआ था तो शायद तुमने जैसे मेरी आंखो में वो थकान पढ़ ली थी तो तुमने मुझे हिम्मत देने के लिए मेरे माथे पर अपने प्रेम के साथ साथ हिम्मत की मुहर भी लगा दी और मेरी सारी चिंताओं को आराम मिल गया। उसके बाद अपने दिल को भी आराम देने के लिए मैंने तुम्हे कसकर गले से लगा लिया और हम दोनो उस आराम को महसूस करने लगे जो हमारे बीच, करीबियों और प्रेम को दुगना कर देता है। कुछ देर गले लगने के बाद हमे जल्दी ही एक दूसरे को छोड़ना पड़ा लेकिन जब गले लगते हुए तुमने मेरी तरफ देखा और मैने फिर से उस प्यार को तुम्हारी आंखों में उमड़ते हुए देखा तो मैंने तुमसे कहा कि वो सारा प्यार मेरे होठों पर रख दो और तुमने रख दिया।

उसके बाद हम दोनो कुछ मुस्कुराने लगे और मैंने तुम्हे अपने सामने बैठाया, तुम्हे अपनी तरफ लाकर मैंने तुम्हारे माथे पर अपने होंठ रखकर तुम्हे हिम्मत और तुम्हारे विचारो को ठीक से बहने के लिए एक रास्ता दिया। मेरे खाने के routine की वजह से तुम मुझपर गुस्सा भी हुई लेकिन फिर तुम सब समझ गई और वहां से निकलने के बाद तुम्हारे और दीदी के साथ कुछ दूर चलने पर मैं इस दिन की खुबसूरती को अपने भीतर उतारकर घर की तरफ मुस्कुराता हुआ चल दिया।

19 May 6:30

तुम मुझे आते हुए दिखी और हम दोनो कॉलोनी में घूमने निकल गए। कुछ दूर जाकर मैंने आगे बढ़कर तुम्हे ध्यान से देखा और तुम्हारा चेहरा अपनी आंखो में थोड़ा सा उतार लिया जिससे कि अगले दिन तक का मेरा समय खुशी खुशी बीत जाए। तुम्हारे साथ गलियों में घूमते हुए इन मकानों को देखता हूं तो मुझे महसूस होता है कि एक दिन हमारा भी ऐसा ही घर होगा जिसमे हम चैन से एक दूसरे का खयाल रख रहे होंगे और प्यार करते हुए अपनी जिंदगी जी रहे होंगे। हमारे पास एक छत

होगी, जहां हमें रोकने वाला कोई नही होगा। गलियों में घूमते घूमते दिन भर की बातें करने के बाद जब हम वापस हॉस्टल की तरफ जाने लगा तो मैंने तुम्हे वो किताब दे दी जिसे तुम कई सालो से पढ़ना चाह रहीं थी लेकिन पढ़ नही पायीं थी। जब मैंने तुम्हे वो किताब सौंपी तो मैंने तुमसे कहा,

"लीजिए, हमारा आज तक का सबसे अनमोल तोहफा"

किताबें बहुत अनमोल होती हैं। उनका हर पन्ना हमें उसी शख्स की याद दिलाता है जिसके हाथो हमें वो मिली हो और मैं तुम्हारी मनपसंद किताब के हर पन्ने पर अपना एक एहसास चाहता था इसलिए मैंने तुम्हे दे दी। किताब देखते ही तुम्हारी खुशी का कोई ठिकाना नहीं था और तुम बस जैसे मुझे कसके गले लगाना चाहती थी तुमने खुशी खुशी में मुझे बहुत बार thank you और i love you बोला और तुम्हारी आंखों में साफ साफ दिख रहा था कि तुम कितना कसके मुझे गले लगाना चाहती हो। तुमने मुझे गले लगाया और कहा, "आपके बैग की वजह से मैं कर नही पाती" ये दिन हम दोनो के लिए बहुत जरूरी था इसलिए मैंने बैग उतारा और तुम्हारे गले से लग गया हालांकि हम ज्यादा देर तक गले नही लग पाए लेकिन फिर भी एक सुकून का एहसास तो हो गया। तुम्हारी इस चमकीली मुस्कान को समेटकर मैं मुस्कुराता हुआ घर की तरफ चल दिया।

❧

इन दिनों हम सब कॉलोनी में घूम रहे हैं और वही चीज़े कर रहे हैं जो हम हर बार मिलने पर किया करते हैं इसलिए मैं ड्राफ्ट नही लिख पा रहा क्योंकि मैं नही चाहता कि मैं तुम्हे एक ही चीज को घूमाकर चार बार पढ़वाऊं। मुझे पता है तुम पढ़ लोगी और तुम्हे शायद अच्छी भी लगे लेकिन एक वक्त बात तुम उससे बोर हो जाओगी जो मैं नही चाहता। इसलिए मैं रोज की जगह उन दिनों को लिख रहा हूं जिनका इस किताब में होना जरूरी है क्योंकि वो तुम्हे हमारे रिश्ता और इस रिश्ते की खुबसूरती याद दिलाते रहंगे।

❧

28 May 6:30

तुम मॉल में कुछ काम से जाने वाली थी और मुझे तुम्हारे साथ बहुत ज्यादा वक्त चाहिए था इसलिए मैंने तुमसे आने के लिए पूछा लेकिन तुमने गर्मी का बहाना देकर मुझे ऑफिस में ही रुकने पर मजबूर कर दिया। तुमने मुझसे कहा था कि तुम हमारे मिलने के टाइम तक फ्री हो जाओगी, लेकिन जब तुम हमारे टाइम तक फ्री नहीं हो पाईं तो मैं मॉल ही पहुंच गया। मैंने तुमपर थोड़ा गुस्सा किया और तुम्हे परेशान करने लगा।

"मुझे तो बहुत गर्मी लग रही है, मेरे सीने पे तो सीधी लकीर बन गई एक पूरी की पूरी इतनी गर्मी की वजह से"

तुम मुझे देखकर मुंह छुपाने लगी। मैंने मजाक में तुम्हारे गाल पर आराम से एक चांटा मार दिया जिसके बाद मुझे इतना अफसोस हुआ कि मैं तुम्हे लगातार सॉरी कहता रहा। मॉल में घूमते घूमते मैंने सोचा कि मुझे तुम्हारे माथे को थोड़ा आराम देना चाहिए तो मैं तुम लोगो को लेकर छत पर पहुंच गया और वहां तुमने फोटोशूट करने के लिए कहा, हम दोनो फोटो खिंचवा रहे थे और एक दूसरे को महसूस किए जा रहे थे। तुम्हे महसूस करना बहुत खूबसूरत एहसास है। जब भी मैं तुम्हे छूता हूं तो मुझे लगता है जैसे मैं एक ठंडी सी जगह हूं और वहां सिर्फ सुकून ही सुकून है क्योंकि वहां तुम रहती हो। फोटो खिंचवाते हुए मैंने तुम्हारे माथे पर प्यार का एहसास दिया और तुम्हारे दिमाग को थोड़ा सा आराम देने की कोशिश की। तुमने शायद मेरी आंखो में वो सारा प्यार पढ़ लिया जो मेरे होंठो पर आकर तुम्हारे माथे पर उतरा था। तुमने उस प्यार को अंजाम तक पहुंचाने के लिए, अपने होंठो का प्यार उनपर रख दिया और मुझे एक पल के लिए जैसे फिर से वक्त के ठहरने का एहसास हुआ।

अगली तस्वीर लेते हुए मैंने तुम्हारे होंठो पर अपनी प्यास रखी और उसे बुझाने के लिए तुमने अपने होंठो को मेरे होंठो से मिला दिया, उन कुछ सेकंडो में मुझे इतना खूबसूरत एहसास हुआ जिसकी तलाश मुझे

कई दिनों से थी और मुझे वो तुम्हारे साथ ही मिल सकता था क्योंकि मैं जानता था कि तुम्हें भी उस एहसास की तलाश है और फिर तुमसे खूबसूरत भी भला कोई है तो नही। और तुम्हारी इसी खूबसूरती को अपनी रूह में उतारकर मैं सुकून के साथ घर की तरफ चल दिया।

29 May 6:15

मैं रोज की तरह तुमसे मिलने आया और तुम्हें देखते ही मेरी दिन भर की सारी थकान जैसे एक झटके में गायब हो गई और उसका एहसास मेरी मुस्कान मेरे चेहरे पर साफ साफ दिखा रही थी । जब हम दोनों मिले तो तुम्हारी दोस्त तुम्हारे साथ आई थी और उसे मंदिर जाना था तो हम तीनों मंदिर चले गए। तुम्हारे साथ मंदिर जाना मुझे बहुत आराम देता है क्योंकि मैं अपने सबसे अजीज शख्स के साथ भगवान के सामने उनका धन्यवाद करने जाता हूँ। उस दिन भी यही हुआ था, मैं भगवान को धन्यवाद करने गया और तुम मेरे साथ थी। भगवान शिव के सामने मैं हर बार तुम्हारे पैर छूता हूँ क्योंकि तुम्हारे कदम पड़ने की वजह से ही तो मेरी ज़िंदगी इतनी खुशहाल हुई है कि आज मैं इतना सब कर रहा हूँ। इसीलिए तुम्हारा शुक्रिया अदा करने के लिए मैं भगवान शिव के सामने तुम्हारे पैर छूता हूँ जिससे कि वो इस पल के साक्षी बन जाएँ और इस पल की पवित्रता बढ़ जाए। उनके सामने तुम्हारे पैर मैं इसलिए भी छूता हूँ क्योंकि मैं उन्हे बताना चाहता हूँ कि "इन कदमों को मैं इसी तरह अपने साथ चाहता हूँ....क्योंकि जबसे ये कदम मेरी ज़िंदगी में पड़े हैं तबसे सब अच्छा हो रहा है और मैं चाहता हूँ कि ये अच्छाई मेरे साथ ऐसे ही रहे ।" भगवान शिव भी उस पल को बिना किसी विघ्न को होने देते हैं जैसे वो हम दोनों को अपने आशीर्वाद से सुसज्जित कर रहे हों।

बहुत दिनों से मेरा एक ख्वाब था कि मैं तुम्हारे कदम भगवान शिव के सामने ही चूम लूँ, इस रिश्ते की खूबसूरती भी यही है कि हमारे सारे ख्वाब पूरे हो जाते हैं और सबसे अच्छी बात तो ये है कि वो हम दोनों के

लिए ही Unexpected होते हैं। इस बार भी यही हुआ....तुम मुझसे बचने की कोशिश कर रही थी जिससे कि मैं तुम्हारे कदम ना छू सकूँ। लेकिन शायद इस बार भगवान शिव ने कुछ और ही सोच रखा था। तुम मेरे चेहरे के सामने से निकल रहीं थी और मैं भगवान शिव के सामने माथा टेके हुए था। जैसे ही तुम्हारे कदम मेरे आगे से निकल रहे थे तो मैंने उसके आगे हाथ रखकर उन्हे पकड़ लिया और तुम वहीं रुक गईं।

तुम्हारे रुकते ही मैंने तुम्हारे पैर को चूम लिया और मुझे अपना एक सपना पूरा होने का सुकून मिल गया। मैंने भगवान शिव को धन्यवाद दिया और चेहरे पर एक खुशी भरी मुस्कान आ गई। तुम्हें उस वक़्त थोड़ा अफसोस हो रहा था क्योंकि तुम कभी नहीं चाहती थी कि मैं तुम्हारे कदम चूम लूं क्योंकि तुम मुझसे हमेशा कहती हो कि मेरी जगह तुम्हारे पैरों में नहीं है लेकिन असल बात तो ये है कि तुम्हारे पैरों में भी मैं खुशी खुशी रह सकता हूँ हालांकि ये मेरी खुशनसीबी है कि मैं तुम्हारी आँखों में रहता हूँ लेकिन इसका मतलब ये तो नहीं कि मैं अपनी मनपसंद जगह को भूल जाऊँ।इसीलिए मैंने तुम्हारे पैरों पर इज्जत का एक एहसास दिया। मेरे दिल में तुम्हारे लिए इज्जत बहुत ज्यादा है और उसी को बताने के लिए मैं ये सब इसी तरह ज़िंदगी भर करता रहूँगा क्योंकि तुम मेरी पूरी ज़िंदगी हो और तुम्हें मैं हर पल जीता हूँ। तुम्हारे बिना इस ज़िंदगी के कोई मायने ही नहीं हैं इसलिए मैं तुम्हें अपनी आखिरी सांस तक जीता रहूँगा।

उस दिन तुम्हारे साथ घूमते हुए मैं अपनी खुशी जाहिर कर रहा था और मुझे खुश देखते हुए तुम मन ही मन मुस्कुराये जा रही थी। ये दिन, हमारे रिश्ते के खूबसूरत दिनों में से एक था और इसे और खूबसूरत बनाने के लिए मैं तुम्हें कसके गले लगाना चाहता था लेकिन मैं ऐसा नहीं कर पाया, फिर भी ये दिन बहुत ज्यादा खूबसूरत था और हम दोनों इसकी खूबसूरती को जिए जा रहे थे। इसी खूबसूरती को जीते हुए तुम्हारे गले लगकर मैं घर की तरफ चल दिया।

5

June

4 June

मैं अक्सर लिखता और तुमसे कहता था कि तुम्हारा गुस्सा बहुत प्यारा है और जब तुम गुस्सा होगी तो मैं तुम्हे मना लूंगा लेकिन तुम हमेशा से मुझसे कहती थी कि ऐसा नही जो पायेगा, मैं गुस्से में कैसी हो जाती हूं ये मुझे भी पता नही रहता। आज जब मैं तुम्हे गुस्सा देख रहा हूं तो मुझे सच में ये एहसास हो रहा है कि तुम सही थी, मैं चाहकर तुम्हारा मूड सही नही कर पा रहा। शायद धीरे धीरे वो खुद ही सही हो जाएगा, हर बार की तरह लेकिन इस बार गलती पूरी तरह से मेरी है।

मैं अफसोस के तले दब गया हूं क्योंकि मैंने तुम्हारे चेहरे से मुस्कुराहट को हटाया है, मैं जानता हूं मैंने ये जानबूझकर नही किया लेकिन एक दिन पहले तुम कितनी खुश थी इसका अंदाजा मैं तुम्हारी आवाज़ से ही लगा सकता था और आज मेरी लापरवाही ने तुम्हारी उस मुस्कान को तुम्हारे चेहरे से गायब ही कर दिया इसलिए मुझे बहुत ज्यादा अफसोस हो रहा है। तुम तो जानती ही हो मैं चीजों को कितना सोचता हूं आज भी मैंने सोचा और मुझे कहीं डूबके मर जाने का मन किया क्योंकि मेरी लापरवाही इतनी गलत साबित हुई। मेरे लिए तुमसे बढ़कर कुछ भी नही है, ये काम, ये लोग कुछ भी नही...बस आज इन

हालातों के खेल में मैं कुछ ऐसा फंसा कि कुछ पता ही नही रहा। मैं चाहकर भी कुछ नही कर सकता था। जानता हूं मैने हर तरह से गलती की है और इस बात का मुझे हद से ज्यादा अफसोस है। तुम सब कुछ मुझे अपने आप ही दे देती हो लेकिन एक चीज है जिसे मांगना जरूरी है और मैं वो तुमसे हद से ज्यादा मांगता हूं इसलिए तुम भी परेशान रहती हो लेकिन आज वो जरूरी है बहुत ज्यादा जरूरी। मुझे पता है मुझसे गलती हुई है इसीलिए मैं तुमसे पूरी तरह से माफी मांग रहा हूं, प्लीज मुझे माफ कर दो और हां अब मैं तुम्हे अपनी नादानी से परेशान नही करूंगा। बस तुम्हारा ध्यान रखूंगा...हर तरह से। जिंदगी भर।

7 June 12:00

आज हम दोनो को एक दूसरे का हाथ थामे 5 महीने हो गए हैं। अगर सही बताऊं तो ये 5 महीने 5 पलो की तरह निकल गए हैं, मैंने तुम्हारे इतना जिया है जितना मैने कभी सोचा भी नही था लेकिन देखो ना, फिर भी ये सब कितना अधूरा लगता है जैसे अभी भी बहुत कुछ बाकी है। असल में ये तुम्हे भी पता है कि अभी बहुत कुछ बाकी है...ये पल, इस रिश्ते के शुरुआती पल हैं और इसी तरह खूबसूरती से हमें इसे आगे लाकर जाना है। इन 5 महीनो में मैने अपनी जिंदगी जितनी खूबसूरती से जी है उतनी शायद पूरी जिंदगी में भी नही जी, क्योंकि एक परवाह और एक बंदिश हमेशा महसूस हुई है। घरवालों के बाद तुम ऐसी पहली हो जिसके साथ मैने अपनी जिंदगी खुलकर जी है, जिसे मैंने वो बातें बताई हैं जो सिर्फ मुझ तक हैं। इन 5 महीनो में तुम्हारे लिए मेरे अंदर भरोसा और इज्जत 5 जन्मों से भी ज्यादा बढ़ा है। हम दोनो को इसी तरह एक साथ आगे बढ़ते जाना है और फिर एक दिन वो पल महसूस करना है जब हमें एक दूसरे का हाथ थामे हुए 50 साल हो जाएंगे। तुम मेरी मोहब्बत हो, मेरी सारी जिंदगी और इस जिंदगी को मैं इसी तरह जीना चाहता हूं क्योंकि जिंदगी के बिना तो जीना है नामुमकिन है ना, मेरे लिए भी ऐसा ही है इसलिए तुम मेरे लिए बहुत ज्यादा कीमती हो।

मैं इसी तरह तुम्हारा साथ देता रहूंगा, हर एक मोड़ पर, गलतियां करूंगा या उन्हें दोहराऊंगा नही, तुम्हारी मुस्कान को सजाकर रखूंगा और तुम्हारी तारीफों के इतने लंबे और मजबूत पुल बांधूंगा कि तुम पूरी जिंदगी उनपर चलती रहेगी।

खूब सारी मोहब्बत मेरी जान।

6:25

तुमने शाम के समय गुरुद्वारा साहिब जाने के लिए मुझसे पूछा और मैं अपनी पिछली गलती को बिलकुल भी दोहराना नही चाहता था और मुझे तुम्हारे साथ कुछ वक्त चाहिए था इसीलिए मैंने चलने के लिए हां कह दिया। हम दोनो शाम को मिले, तुम्हारे साथ तुम्हारी एक दोस्त आई और तुम्हे देखकर मेरा दिल जैसे एक बार फिर तुम्हारे ही पास चला गया। मेरी लाख कोशिशों के बाद भी मेरी आंखें तुमसे हटी ही नही और तुम्हारे गालों की लाली से मेरा रोम रोम गुलाब की खुशबू से भर गया। तुम बला की खूबसूरत लग रही थी जैसे मेरे लिए तुम्हे ऊपरवाले ने अवतार देकर इस धरती पर भेजा है क्योंकि वैसे भी तुम मेरे लिए वो सब करती हो जिससे मैं संभल जाता हूं तो मेरे लिए ये सोचना बहुत सरल था। हम दोनो गुरुद्वारा साहिब पहुंचे और वहां जाकर मुझे वो दिन याद आ गया जिस दिन मैंने तुम्हारे पैरो में पायल पहनाई थी।

हमारे रिश्ते के सबसे खूबसूरत पल ऊपरवाले के सामने ही हुए हैं, कोई और उनका साक्षी बना हो या नही लेकिन भगवान उसके साक्षी बने ही हैं चाहे वो भगवान शिव हो या फिर वाहेगुरु। और इनका भी साथ हमे इतने अच्छे से मिला है कि हमारे उन पवित्र पलो के बीच में किसी भी तरह का कोई विघ्न नही पड़ा। हम दोनो अंदर गए और अरदास करते हुए मैं तुम्हारी तरफ देखने लगा, तुम्हारी नज़र सामने थी, होंठ कुछ मांग रहे थे। मैं तुम्हे देखकर मुस्कुरा रहा था और उनका धन्यवाद दे रहा था कि उन्होंने तुम्हे मुझे दे दिया। हम दोनो कुछ देर बैठे रहे और मैंने तुम्हारे पैर छू लिए। तुमने मेरी तरफ थोड़ी आँखें भी दिखाई लेकिन अंत में तुम भी जानती हो कि मेरे लिए वो कितना जरूरी है इसलिए तुम मुस्कुराने

लगी। वहां से निकलते हुए हम दोनो ने उस पल को हमेशा जीने के लिए एक तस्वीर ले ली और एक दूसरा का हाथ थामकर कुछ खाने पीने के लिए चल दिए। पूरे रास्ते हम दोनो बातें करते रहें और थोड़ी देर में कैफे आ गया, वहां बैठकर हमने कई सारी तस्वीरें ली और मैने तुम्हे सताया। थोड़ी देर बाद हमें अपनी जगह बदलनी पड़ी और वो जगह ऐसी थी जहां हमें कोई नही देख सकता था इसलिए मैने तुम्हे थोड़ा सा और सताया और अपनी बेचैनी को मिटाने के लिए तुम्हारे हाथ पर प्रेम का एहसास दे दिया और तुमने मेरे हाथ पर।

मैने तुम्हारे विचारो को आराम देते हुए अपनी बाहें फैला दी क्योंकि मेरे शरीर में बेचैनी बढ़ती ही जा रही थी जब तुमने मुझे कसकर गले लगाया तब मेरे सीने को आराम हुआ और कुछ देर परम आनंद की अनुभूति हुई। तुमने मेरे पूरे चेहरे पर अपनी सुकून भरी छाप छोड़ दी और वहां से निकलते हुए मैने एक बार फिर अपने सीने को आराम दे दिया। तुम्हारे माथे पर प्रेम का एहसास देकर तुम्हारे विचारो को शांति देना मुझे बहुत पसंद है क्योंकि वैसे भी दिन भर के तुम्हारे शेड्यूल में...शायद ही कभी तुम्हे शांति महसूस होती हो। इसीलिए मैं अपना फर्ज पूरी ईमानदारी और लग्न से निभाता हूं और निभाता रहूंगा। आखिरी सांस तक।

12 June 2:40 PM

हम दोनो आज तक लंच डेट पर नही गए थे और जब पिछली बार तुमने प्लान बनाया था तो मैं काम की वजह से आ नही पाया था जिसकी वजह से तुम मुझसे गुस्सा भी हो गई थी उसी दिन मैने ये सोचा था कि अगले हफ्ते तुम्हे लंच डेट पर मैं लेकर जाऊंगा और मैने सारा प्लान बनाकर तुमसे चलने के लिए कहा जिसके लिए तुम मान गईं। हम दोनों दोपहर में मिले और जब मैने तुम्हे तुम्हारी मैरून ड्रेस में आते हुए देखा तो मेरी आँखें बस तुम्हे देखती ही रह गई। एक पल के लिए जैसे सब कुछ ठहर गया बस एक हवा का धीमा झोंका तुम्हारी जुल्फों के लिए चल रहा था जो उनके बीच से तुम्हारे चेहरे को थोड़ा थोड़ा दिखाकर तुम्हारी जुल्फों

को एक पर्दा बनाए हुए था जिसके बीच से मैं तुम्हारे चेहरे को थोड़ा थोड़ा देख पा रहा था। सूरज की इतनी तेज धूप भी तुम्हारे आगे मुझे फीकी लग रही थी क्योंकि तुम्हारे चेहरे का नूर बहुत खूबसूरत लग रहा था और उस नूर की चमक तुम्हारे चेहरे पर साफ साफ देखी जा सकती थी।

हम दोनो रिक्शा में बैठकर रेस्टोरेंट पहुंचे और वहां जाकर बैठने के बाद मैं थोड़ी देर तुम्हे निहारने लगा क्योंकि तुम्हारा रूप इतना जगमगा रहा था कि मेरे दिल को लगा अगर मैं तुम्हे कुछ देर देख लूं तो वो चमक मेरे एहसासों में घुलकर उन्हे रोशन कर देगी और तुम्हारा ये रूप मेरे एहसासों में मिल जायेगा। तुमने वहां ऑर्डर देने के लिए मुझे कहा, हालांकि तुम जानती थी कि इस काम में मैं बिलकुल भी अच्छा नहीं हूं लेकिन फिर भी तुमने उस दिन मजाक में मुझसे ही ऑर्डर कराया और वहां खाना खाने के साथ साथ हम दोनो प्यारी प्यारी सी वीडियो बना रहे थे जिससे कि हमारे हर खूबसूरत पल की तरह ये पल भी हमारे पास कहीं रह जाए जिससे हमारे लिए इस पल को याद रखना थोड़ा आसान हो जाए। निकलते हुए मैंने तुम्हारे माथे पर अपने होंठ रखकर तुम्हे आने के लिए धन्यवाद दिया क्योंकि पिछली बार मेरी वजह से सब खराब हो गया था और इस बार तुम्हे धन्यवाद देना जरूरी था। वहां एक दूसरे की मुस्कान की वजह बनने के बाद उस खूबसूरत पल को अपने जेहन में संभालकर रखने के बाद हम दोनो आ गए और तुम्हे हॉस्टल छोड़कर मैं घर की तरफ चल दिया।

6

मैं तुम्हे हमेशा यही कहता हूं कि तुम मां की परछाई हो। अगर तुम्हारा चेहरा देखा जाए तो तुम बिलकुल उनपर गई हो। उनकी खूबसूरती पर मैने एक कविता लिखी थी -

मां ने जब अपनी नजरो को सूरज से मिलाया होगा,
देखकर इतनी रोशनी सूरज भी शरमाया होगा,
उस रोशनी के सामने कहीं टिक ही ना पाए,
इसलिए सूरज पूरी तरह निकलने से कतराया होगा।
ये आसमान हो गया होगा नूर से भरपूर,
सुबह की हवा ने वो नूर सब पर बरसाया होगा,
हवा ने महसूस किया होगा कुछ खुद से भी आरामदायक,
जब उसने मां के गालों पर हाथ लगाया होगा।
देखो, बादलों की नही हुई आने की मजाल(हिम्मत),
उन्होंने खुदको जुल्फों की घटाओ में छुपाया होगा,
सारी दुनिया में रोशनी फैल गई होगी,
जब मेरी मां का चेहरा मुस्कुराया होगा।
क्या है इस खूबसूरती का राज,
इन झुमको ने सभी से छुपाया होगा,
देखकर मेरी मां की अनन्य सुंदरता,
प्रकृति का हर हिस्सा जगमगाया होगा।

ये कविता मैने उनकी आवाज सुनकर और तस्वीरें देखने के बाद लिखी थी। मैं इतना तो जान गया था कि वो उन लोगो में से हैं जिनका अस्तित्व बहुत कम बचा है। उनके हृदय में एक पावनता है जो उनकी बातो में झलकती है। उनकी आंखों में एक मासूमियत है जो उनके चेहरे पर झलकती है। उन्होंने अपने जीवन में कितना कुछ खोया है और कितना कुछ पाया है लेकिन फिर भी उनकी सादगी वैसी की वैसी ही रही....ये बताता है कि उनका व्यक्तित्व कितना महान है कि उन्होंने हालातो की परीक्षाओं का जटिलता से सामना किया और उनमें कामयाबी भी पाई। वो सिर्फ तुम्हारे लिए ही नही मेरे लिए भी प्रेरणास्त्रोत हैं, भले ही मैं उनसे कभी मिल नही पाया हूं लेकिन जितना उनके बारे में सुनता और समझता हूं उससे यही मालूम चलता है कि जो भी उनसे मिलते हैं वो उनकी तारीफ करते नही थकते नहीं होंगे क्योंकि जब मैं उनसे नही मिला और मैने बिना रुके उनके उपर एक कविता लिख दी तो फिर जो उनसे मिलते होंगे वो तो उनके व्यक्तित्व पर एक किताब लिख सकते हैं हालांकि बात यही है कि उन्हें लिखनी नही आती लेकिन जब मैं उनसे मिलूंगा तो उसके बाद उनके उपर भी एक किताब लिखूंगा जिससे पता चला कि मैंने उन्हें कितना जाना है।

7

पापा

पिताजी के बारे में मैने तुमसे बहुत सुना है और वो सब सुनने के बाद मैं यही जान पाया कि उनकी शख्सियत उन लोगो में से है जिन्हे खुदकी काबिलियत पर भरोसा होता है और उस भरोसे के दम पर वो उस मुकाम तक पहुंच जाते हैं जहां जाने के लिए कुछ लोग सिर्फ सपने ही बुन पाते हैं। उनके संस्कार तुम्हारे चरित्र में बिल्कुल साफ साफ दिखते हैं क्योंकि तुम भी बिल्कुल ऐसी ही हो जो खुदपर भरोसा रखती है और अपने हर दांव को वक्त आने पर इस्तेमाल करती है।

उनका चरित्र हर उस इंसान को प्रेरणा दे सकता है जो अपनी जिंदगी में आगे बढ़ने की ठानकर अपने सफर पर चल पड़ा है क्योंकि जिस तरह से उन्होंने शुरुआत करने के बाद अपने हर कदम को सावधानी और समझदारी के साथ रखा है वो दिखाता है कि उन्होंने जिम्मेदारियों को भी एकदम सूझ बूझ के साथ निभाया है। उनकी शख्सियत का प्रभाव मेरे ऊपर भी बहुत ज्यादा पड़ा है।

8
उनके लिए

अगर तुमसे सच कहूं तो मैं इस लायक नही हूं कि इन दो महान हस्तियों को अपने शब्दो में उतार सकूं क्योंकि लिखते हुए मेरे दिमाग में वो हर चीज़ आ रही है जो तुमने मुझे बताई है लेकिन मेरे हाथ नही चल रहे, मुझे शब्द नही मिल रहे। क्योंकि इनकी शख्सियत ही ऐसी है कि शब्दो को ढूंढते ढूंढते मैं ही कहीं खो जाऊंगा।

मैं खुदको बहुत खुशनसीब मानता हूं कि मैं ऐसे एक परिवार से मिला हूं और मुझे मौका मिला है कि मैं इस परिवार का हिस्सा भी बन सकता हूं तो मैं वो हर चीज़ करूंगा जो मुझे उस लायक बना देगी लेकिन तब भी शायद मैं इतना लायक नही हो पाऊं कि मैं इन्हे अपने शब्दो में उतार सकूं क्योंकि अगर सच में मां बाप भगवान का रूप हैं तो यकीन मानो तुम भगवान के आंचल में ही हो।

Us

जनवरी से चला हमारा ये सफर हम दोनो को यहां तक ले आया है, अब हमारा फर्ज है कि हमें इस रिश्ते को इसके मुकाम तक लेकर जाना है। हमारे इस सफर में बहुत से मुश्किलें हैं और सबसे बड़ी मुश्किल हमारे बीच का फासला है लेकिन इस फासले को सहने के लिए हमें इसी तरह भरोसे और मजबूती के साथ खड़े रहना है और आने वाली हर मुसीबत, हर परीक्षा को ये बताना है कि हम दोनो मजबूत हैं। ये रिश्ता मजबूत है और इसे और भी ज्यादा बेहतर करने के लिए हम दोनो इसकी नींव तैयार कर रहे हैं। शुरुआत होते ही हम दोनो ने इस रिश्ते की नींव रखी थी और अच्छी बात ये रही कि हम दोनो इस नींव को मजबूत बनाने के लिए बराबर मेहनत कर रहे हैं क्योंकि ये हम दोनो भी जानते हैं कि जब इस रिश्ते की नींव मजबूत होगी तो हम इसपर अपने आशियाने की इमारत बना सकते हैं जो हमारे जीवन में खुशियों की एक लहर दौड़ा देगी। हम दोनो को ही पूरा भरोसा है कि हम इस रिश्ते को उस मुकाम तक पहुंचाएंगे और हमारे हर उस सपने को पूरा करेंगे जो हमने साथ मिलकर देखा है। इस रिश्ते ने हम दोनों में बहुत से बदलाव किये हैं और हमारे अन्दर के कलाकार को और भी ज्यादा बेहतर किया है. तुम्हारी कविताओ ने मुझे #तेरा_वाला_शायर बनाया और मैंने शायद तुम्हारी कविताओ को पहले से ज्यादा अच्छा बना दिया क्योंकि मैं तो यही मानता हूँ कि ये सब तुमने खुद किया है.

☙

दो लेखक मिले, शब्दो का आदान - प्रदान हुआ और एक प्रेम कहानी शुरू हो गई। दोनो ने ही कभी सोचा भी नही था कि अब जीवन में दोबारा प्रेम आएगा भी या नहीं लेकिन इतनी खूबसूरत से आया कि दोनों ही उसे नकार नहीं पाए और एक समा खूबसूरत हो गया। दो इंसान, जिन्होंने सिर्फ इतना सोचा था कि अगर प्रेम आए तो इस बार ईमानदार आए और सब ईमानदारी से ही हो लेकिन उनकी उम्मीदों से इतना ज्यादा उन्हे

मिला कि वो दोनो एक दूसरे की दुनिया बन गए अब दोनो अपने हर वादे को पूरा करने के लिए जी जान से हर वो चीज़ कर रहे हैं जो एक रिश्ते में जरूरी है क्योंकि इतना तो दोनो जानते हैं कि अपने सबसे जरूरी रिश्ते का ध्यान कैसे रखा जा सकता है इसलिए सब आराम से और प्रेम से चल रहा है। दोनो के बीच प्रेम, विश्वास और समझदारी की कोई कमी नही है इसीलिए सब इतना अच्छा है और ऊपरवाले का साथ भी उन्हें इतना ज्यादा है कि उनके रिश्ते के सबसे अहम पल ऊपरवाले के सामने ही हुए हैं और उन्होंने उन पलो को पवित्रता के साथ पूरा किया। इसी तरह इस रिश्ते के हर छोटे मोटे पल को पवित्र और यादगार बनाने के लिए वो दोनो एक दूसरे से अनन्य प्रेम किए जा रहे हैं और हमेशा करते रहेंगे......!

⚬⚬

तुमने मेरे लिए जो कुछ भी किया है और जो कुछ भी तुम करोगी उसने मुझे रोशन कर दिया है. मेरे अन्दर के इन्सान को निखारा है और मुझे एक बेहतर इंसान बनाया है. तुम्हारी हर एक कोशिश मुझे गर्व महसूस करा देती है, मेरे हमसफ़र पर....मेरे प्यार पर और तुम्हारी कोशिशो पर! अब देखो ना मैंने तुमपर इतना कुछ लिख दिया है फिर भी मुझे कुछ कमी लग रही है जैसे अभी भी कुछ अधुरा रह गया है! इसीलिए मैं तुमपर कुछ न कुछ लिखता रहूँगा, उस पल तक,,,जिस पल तक मेरे हाथ लिख सकते हैं क्योंकि तुमने मुझे तब संभाला है जब मुझे बहुत जरूरत थी! मैं जानता हूँ जाते जाते तुम्हारे हर एक रिश्ते ने तुम्हे पीठ दिखाई है, तुम्हे अकेला छोड़ दिया है लेकिन मेरा तुमसे वादा है कि तुमने मेरे ऊपर जितना विश्वास किया है...मैं उस विश्वास को इसी तरह बनाये रखूँगा और तुम्हे सुकून देता रहूँगा! अपनी आखिरी साँस तक..!!

⚬⚬

हम दोनों जल्दी मिलने वाले हैं..मुझे उसी मुलाकात का इंतज़ार है ! तुम मुस्कुराती रहो..मैं तुम्हारे साथ हो! हर एक मोड़ पर...हर एक मुश्किल में मेरा हाथ तुम्हे तुम्हारे हाथो में मिलेगा और हर दुःख में तुम्हे मेरा कन्धा तुम्हारे सर को आराम देने के लिए मिलेगा !

हम दोनों को बहुत लम्बा सफ़र तय करना है और उसके लिए हमें प्यार, विश्वास, वफादारी और मस्ती की बहुत जरुरत है और मुझे पूरा भरोसा है कि हम दोनों उस मंजिल तक पहुँच जायेंगे...!!!

दिल की सम्पूर्ण गहराइयों से बहुत सारा प्यार...

• समर्पित

#मेरी_वाली_शायर